à Beth

... ma pauvre vie si plate et tranquille,
où les phrases sont des aventures ...
Flaubert

[Un jour qu'il était allé au marché d'argueil]
y vendre son cheval (dernière ressource) il rencontra
Rodolphe. Ils palirent en s'apercevant. Rodolphe qui avait seulement
envoyé sa carte, balbutia d'abord quer excuses, puis s'enhardit et
même poussa l'aplomb (il faisait très chaud, on était au mois
d'août) jusqu'à l'inviter à prendre une bouteille de bière au
cabaret.

Accoudé en face de lui, il machait son cigarre tout en
causant, et Charles se perdait en rêveries devant cette figure
qu'elle avait aimé. Il lui semblait revoir quelque
chose d'elle. C'était un émerveillement. Il aurait
voulu être cet homme.

L'autre continuait à parler cultures bestiaux, engrais,
tous les intestices, où pouvait se glisser une allusion. Charles ne l'écoutait
pas; Rodolphe s'en apercevait, et il suivait sur la mobilité de
sa figure, le passage des souvenirs. Elle s'empourprait peu à peu
ses narrines battaient vite, il se mordait les lèvres, il y eut
même un instant où ses yeux pleins d'un fureur sombre
se fixèrent sur Rodolphe, qui dans un sorte d'effroi, s'in-
terrompit. Mais bientôt la même lassitude funèbre reaparut
sur son visage.

"Je ne vous en veux pas", dit-il -
Rodolphe était resté muet - et Charles la tête dans ses
deux mains, reprit d'une voix éteinte et avec l'accent
résigné des douleurs infinies : " - non! je ne vous en
veux plus! Il ajouta même un grand mot, le seul qu'il
ait jamais dit " - c'est la faute de la fatalité!"

Rodolphe qui avait conduit cette fatalité, letrouva
dans sa situation, comique

FLAUBERT

victor brombert

à Lynn Anderson —
en souvenir d'une aventure
flaubertienne (automne 1997)
où il était question de Loulou,
mais aussi de l'agne...
Bien amicalement
Victor Brombert
I. 99

© Éditions du Seuil, 1971. Toute reproduction interdite, y compris par microfilm. ISBN 2-02-5298-9

écrivains de toujours/seuil

LE DERNIER DES « TROUBADOURS »

Réalisme et impassibilité

Je n'aime pas « intéresser » le public avec ma personne[1]. Cette phrase d'une lettre à Tourgueneff souligne un paradoxe fondamental. Écrire, pour Flaubert, c'est se faire entendre sans se faire voir. Mais, qu'il invente pour créer ou pour se fuir, le point de départ est toujours intensément personnel. Nul écrivain n'a été davantage prisonnier de lui-même. Flaubert a beau se vouloir olympien, détaché, impassible, tous ses romans trahissent ses rêves intimes et ses obsessions. C'est qu'il s'agit, dans son cas, non de banales transpositions autobiographiques, mais de transmutations et de révélations à travers ses thèmes privilégiés.

Lui-même nous convie à faire la distinction entre deux « lui-même » *(... j'ai fait nettement pour mon usage deux parts dans le monde et dans moi...)* ; seul compte celui de l'œuvre, le moi « interne », *l'élément interne, que je concentre afin de le rendre plus dense et dans lequel je laisse pénétrer, à pleines* [sic] *effluves, les plus purs rayons de l'Esprit*[2]... Saisir ce Flaubert n'est pourtant pas tâche aisée. Répugnant à toute biographie, même larvée *(... l'écrivain ne doit laisser de lui que ses œuvres. Sa vie importe peu. Arrière la guenille !)*, Flaubert prétend au

---

« Ce qui m'est... naturel... c'est l'extraordinaire,
le fantastique, la hurlade métaphysique... »

surplus que l'art n'a rien à démêler avec l'artiste. Non seulement il faut faire semblant de n'avoir pas existé, il importe encore de faire en sorte que l'art ne devienne pas un monument à son créateur. Impersonnalité et invisibilité de l'auteur : il ne faut surtout pas « s'écrire »! *L'artiste doit être dans son œuvre comme Dieu dans la Création, invisible et tout-puissant, qu'on le sente partout, mais qu'on ne le voie pas* [3]. Ici déjà se déclare l'essentielle modernité de Flaubert. Ambiguïté d'une œuvre dont le créateur est au centre, mais qui n'accorde aucune place à l'égotisme. Flaubert est le suprême exemple du démiurge-ascète.

Autre paradoxe – ou plutôt malentendu : ce réalisme dont l'histoire littéraire aime à faire de lui le théoricien et le grand maître. Rien en fait ne l'irritait plus que le mot et le concept. A son jeune « disciple » Maupassant : *Ne me parlez pas du réalisme, du naturalisme, ou de l'expérimental. J'en suis gorgé. Quelles vides inepties.* Ailleurs il traite les théories réalistes de *puérilités.* Une lettre à George Sand est plus explicite encore : *... j'exècre ce qu'on est convenu d'appeler le* réalisme *bien qu'on m'en fasse un des pontifes* [4]... Nul doute que ce sont là des réactions exacerbées devant une génération montante qui parfois se réclame de lui, mais avec laquelle il ne se sent guère en sympathie. D'ailleurs il n'a nul goût pour les « groupes », pour ceux surtout qui cultivent des théories sensationnelles plus que l'idéal esthétique.

Le séquestré de Croisset dispose de moyens qui lui permettent de mépriser le monde du journalisme, les cliques et les cénacles, les succès faciles. La polémique lui semble cuistrerie et perte de temps. Écrire des manifestes ou des préfaces lui paraît du plus mauvais goût. L'artiste, pas plus que l'acteur, ne devrait s'adresser directement à son public. *Pourquoi gâter des œuvres par des préfaces et se calomnier soi-même par son enseigne!* Les théories de Zola, dont il apprécie par ailleurs le talent et la vigueur, le désolent ; il se plaint de ses idées étroites. *Le Système l'égare, il a des Principes qui lui rétrécissent la cervelle* [5]. Car plus encore qu'aux proclamations publicitaires, Flaubert en veut à une certaine perspective sur la littérature. S'il est un article de foi dont jamais il n'a dévié, c'est la priorité de l'art sur la vie. *La Réalité, selon moi, ne doit être qu'un* tremplin. Et encore : *Faire vrai ne me paraît pas la première condition de l'art.* C'est *viser au beau* qui est la tâche principale de l'écrivain, et pour cela il faut s'occuper des *deux éléments éternels* : la poésie et le style [6]!

6

Ce ne sont pas là simples boutades. Flaubert dévore et annote les livres, consulte les documents, sollicite ses amis de lui fournir des détails précis : il a la manie de la documentation. Mais il n'est pas dupe de cette manie. *Je regarde comme très secondaire le détail technique, le renseignement local, enfin le côté historique et exact des choses.* S'agit-il simplement, dans cette déclaration, de faire plaisir à George Sand ? Certes non. Déjà, en 1853, au moment donc où il compose *Madame Bovary,* il confesse à Louise Colet *: Je voudrais écrire tout ce que je vois, non tel qu'il est, mais transfiguré. La narration exacte du fait réel le plus magnifique me serait impossible. Il me faudrait le broder encore* [7]. C'est le mot « transfiguré » qui est important dans ce contexte. Il ne s'agit pas de décrire la réalité, de lui rester soumis, mais de la transmuer, de la dominer. Flaubert est tout à fait sérieux quand il parle de la *sacro-sainte littérature.* Transfigurer la réalité est une façon de la nier. Le pessimisme flaubertien ne se complaît en fait dans le quotidien *ou de l'exalter* que pour le fuir. C'est là le vrai sens du mot « tremplin ». La littérature devient un instrument de libération, une voie de salut. *Dès que je ne tiens plus un livre ou que je ne rêve pas d'en écrire un, il me prend un ennui* à crier. *La vie ne me semble tolérable que si on l'escamote* [8].

Haine amoureuse de la réalité. Le sujet de bien des œuvres de Flaubert est certes tiré de la vie la plus banale ; c'est même avec complaisance qu'il inventorie le mesquin et le laid. Mais jamais il ne s'est lassé de proclamer son dégoût pour cette matière, son mépris pour *cette ignoble réalité* qui cependant exerce sur lui une étrange fascination. *Si vous me connaissiez davantage, vous sauriez que j'ai la vie ordinaire en exécration,* écrit-il à Laurent Pichat, le directeur de la revue qui publiait *Madame Bovary* en feuilleton. Et à Mme Roger des Genettes : *On me croit épris du réel, tandis que je l'exècre ; car c'est en haine du réalisme que j'ai entrepris ce roman* [9].

Haine de la réalité ou haine du réalisme ? Il s'agirait de ne pas confondre. Cependant Flaubert établit une curieuse équivalence entre les deux. D'où une contradiction interne permanente, une tension qu'il aime à cultiver entre le réel et l'idéal. On pourrait parler dans son cas des alibis de l'idéalisme. D'une part, il continue jusqu'à la fin à s'imposer des projets tels que *Sous Napoléon III* et *les Bourgeois au XIXe siècle*, d'autre part il déblatère sans tarir contre les sujets « réalistes », s'adonnant avec volupté aux rêves d'évasion et de transcendance. Écart typiquement flaubertien qui se vérifie,

7

non seulement dans ses théories esthétiques (nulle correspondance ne pouvant, selon lui, s'établir entre la valeur d'un
sujet et la valeur de l'élaboration artistique), mais d'abord
dans ses exigences psychologiques. C'est précisément cet
écart qui lui permet d'exalter la littérature, dont il veut croire
que le pouvoir principal est de libérer des contingences de la
vie ceux qui vivent par elle. L'art lui apparaît tout naturellement comme une évasion. Aussi a-t-il besoin de croire à
l'épaisseur et au poids de la réalité. Nul doute que la haine
du réel est liée au pessimisme foncier de Flaubert ; mais ce
pessimisme est aussi le point de départ d'une quête inlassable
des formes idéales.

Rien de plus faux que l'idée, longtemps ressassée par la
critique, de deux Flaubert bien distincts : le premier, un
romantique indiscipliné, auteur de la flamboyante *Tentation
de saint Antoine* ; le second, un imperturbable clinicien se
guérissant lui-même de son mal en écrivant *Madame Bovary*.
Il suffit de jeter un coup d'œil sur la correspondance pour
constater l'absurdité d'une pareille division. Chez Flaubert,
pas de cloisons étanches. Au moment où il compose *Madame
Bovary*, il explique à Louise Colet qu'il est *dévoré... par un
besoin de métamorphoses*, que décidément *le sens métaphorique
le domine*, qu'il se sent *dévoré de comparaisons*. Il fait lui-
même le diagnostic de sa manie métaphorique et de son besoin
d'alchimies verbales : *Je suis né lyrique...* Ce qu'il entend par
lyrique, il l'exprime aussi par des termes plus forts — *hurlade*
et *gueulade : ... ce qui m'est naturel à moi, c'est le non naturel
pour les autres, l'extraordinaire, le fantastique, la hurlade métaphysique, mythologique.* Et plus tard, lorsqu'il écrira *Hérodias* :
*... ça se présente sous les apparences d'un fort gueuloir, car, en
somme, il n'y a que ça : la Gueulade, l'Emphase, l'Hyperbole.*
Ce qui le charme le plus – il le dit en termes explicites à son
confident Louis Bouilhet – c'est l'*exubérance* [10].

Flaubert a une conception essentiellement poétique de
l'activité littéraire. Il est convaincu que l'écrivain doit explorer
les secrets incantatoires et magiques du langage. Vocation
littéraire, pour lui, veut dire corps à corps avec les mots,
amour passionné d'une prose sonore et flexible, effort pour
créer des effets plastiques susceptibles de transformer phrases
et rythmes en formes palpables. Le goût de la couleur et des
contrastes violents, mais plus encore le sens d'un déchiffre-
ment et d'une révélation, le rattachent en profondeur au
romantisme – que jamais d'ailleurs il n'a renié, pareil en cela

à Baudelaire qui se proclamait fier de porter les « stigmates » romantiques. *Je suis un vieux romantique enragé*, écrit Flaubert à Sainte-Beuve après avoir fini *Madame Bovary*. Il explique : *Ne me jugez pas d'après ce roman. Je ne suis pas de la génération dont vous parlez – par le cœur du moins –. Je tiens à être de la vôtre, j'entends de la bonne, celle de 1830. Tous mes amours sont par là.* Fidélité qu'il réaffirmera encore bien des années plus tard, se décrivant comme un *vieux romantique*, comme un *vieux fossile du romantisme* [11].

Il aimait se considérer comme le dernier des *troubadours*, l'ultime rejeton d'une race presque disparue. Troubadour, dans son vocabulaire, signifie propension au rêve, goût de l'exorbitant, nostalgie de l'inaccessible, immense capacité d'enthousiasme. Flaubert aime admirer. Après lecture de *l'Abandonnée* de Tourgueneff : *J'en poussais des exclamations de joie dans mon fauteuil. Comme ça fait du bien d'admirer.* En lisant Tolstoï : *Je poussais des cris d'admiration.* Il faut l'entendre parler de Hugo! (Il *enfoncera tout le monde... quel souffle !... tout bonnement énorme... quel immense bonhomme !...*) L'admiration flaubertienne ne se réduit pas à une exclamation : elle est faite d'un sens quasi religieux d'humilité et de terreur. En évoquant Virgile : *... quand on lève les yeux plus haut, vers les maîtres, vers l'absolu, vers le rêve, comme on se méprise !* Plus révélateur encore, après avoir lu *Périclès : Il me semble que, si je voyais Shakespeare en personne, je crèverais de peur* [12].

Ses préférences vont à tout ce qui est démesuré. Il se délecte de visions grandioses, de gestes épiques. Sa nostalgie d'extravagances somptueuses, sa curiosité de l'inéprouvé font qu'il cultive des rêves d'exotisme et de violence qui tendent le concept de l'humain jusqu'à ses limites extrêmes, tout en servant de prétexte à la passivité. Lecteur de Sade, Flaubert est persuadé qu'il y a une *densité morale* dans certaines laideurs. La frénésie de désir et l'impossibilité de l'assouvissement sont chez lui des thèmes permanents. L'amour, en particulier, est *une folie, une malédiction, une maladie* [13]... Pendant vingt-cinq ans il a vécu avec l'image obsédante d'un alter ego, l'ermite assailli par toutes les tentations infernales de l'esprit et des sens. *La Tentation de saint Antoine*, œuvre qu'il reprend plusieurs fois, correspond à une triple hantise de l'excès, de l'extase et du néant. Soif d'infini qui ne se manifeste d'ailleurs pas exclusivement dans ses œuvres « orientales », mais que l'on décèle dans ses romans de la banalité : dans les rêves

exotiques d'Emma, dans la nostalgie de l'impossible qui paralyse Frédéric Moreau, dans le vertigineux appétit de connaissances qu'éprouvent Bouvard et Pécuchet.

Soyons échevelés ! Dans ce cri que Flaubert pousse au
moment de commencer *Hérodias*, il faut entendre l'expression
d'un dilemme fondamental. Flaubert se veut à la fois disci-
pliné et orgiaque. Contradiction qu'il résout en plaçant sa
fameuse *sérénité* au service, non d'une « mimesis » impersonnelle, mais de la suprême capacité de rêver. *Ce qui me semble
à moi le plus haut dans l'art (et le plus difficile) ce n'est ni de
faire rire, ni de faire pleurer, ni de vous mettre en rut ou en
fureur, mais d'agir à la façon de la nature, c'est-à-dire de faire
rêver. Aussi les très belles œuvres ont ce caractère. Elles sont
sereines d'aspect et incompréhensibles* [14]. A la façon de la
nature... Ici se déclare un des éléments du panthéisme flaubertien. De façon répétée, Flaubert se laisse séduire par des
notions d'une harmonie cosmique dont seul l'art réussit
parfois à donner l'équivalent.

Flaubert prend tout à fait au sérieux l'expression le *culte
de l'Art* ; c'est pour lui comme une vocation religieuse que
de *tenir son âme dans une région haute* grâce à ce culte qui glorifie le divorce entre la création artistique et la vie. Flaubert
se voit en fait parti à la recherche d'une vérité qui n'a que peu
à faire avec la reproduction servile des surfaces. Un de ses
projets les plus curieux, *la Spirale*, devait décrire l'état de
somnambulisme permanent d'un halluciné qui cultive son
hallucination et prépare ses rêves. Flaubert voulait écrire un
livre exaltant qui prouverait que le bonheur ne saurait être
atteint que par l'imagination, ou mieux encore par une folie
supérieure. L'image même de la spirale suggère une déli-
vrance en même temps qu'un approfondissement. E. W.
Fischer, dans son analyse de ce projet si révélateur, parle à
juste titre d'un « étrange état psychique où le moi se perd
dans l'objet et entre en union mystique avec l'apparition de
l'extérieur [15]... » L'hallucination était évidemment pour Flaubert un sujet à la fois passionnant et inquiétant : ses propres
crises, après le foudroyant accident épileptique de 1844, en
faisaient sans doute un sujet trop personnel et trop pénible.
La Spirale est restée à l'état de projet.

Mais sur la nature mystique de l'art et de l'expérience
artistique Flaubert n'a cessé de s'exprimer en termes explicites. Il reproche à Louise Colet de ne pas savoir admirer avec
suffisamment d'intensité : *Tu as bien l'amour de l'Art, mais tu*

n'en as pas la religion. L'artiste, selon lui, est susceptible d'affinités exquises ; lui seul a l'*aperception* des *accords harmonieux.* L'écrivain est là pour refléter un ordre intime. *Soyons religieux.* Et encore : *Je tourne à une espèce de mysticisme esthétique...* Le mot revient souvent. *Sans l'amour de la forme, j'eusse été peut-être un grand mystique.* Mais justement, cet amour de la forme, Flaubert finit bien par le vivre comme une expérience totale. Deux passages surtout révèlent son idéal d'extase. *Au-dessus de la vie, au-dessus du bonheur, il y a quelque chose de bleu et d'incandescent, un grand ciel immuable et subtil dont les rayonnements qui nous arrivent suffisent à animer des mondes. La splendeur du génie n'est que le reflet pâle de ce Verbe caché...* Le vocabulaire ne laisse subsister aucun doute : il serait vain d'en vouloir diminuer la portée parce que Flaubert cherche à se dérober à sa Muse excessivement attachée à la matière et à la chair. Trop d'autres déclarations confirment cette notion de la nature sacrée du langage littéraire. D'ailleurs le refus de la « vie » et des rapports humains non médiatisés explique en partie, sur le plan psychologique du moins, le besoin d'une autre forme de communion. *Aimons-nous donc* en l'Art, *comme les mystiques s'aiment en Dieu, et que tout pâlisse devant cet amour* [16] !

lettre à L. Colet, 29 nov. 1853

Les « Harems dans la tête »

Flaubert croit volontiers qu'il est *né ailleurs.* Son goût des rivages embaumés, des pays chauds et lumineux, il en fait une histoire de disposition congénitale, voire de vie antérieure. Ainsi mémoire fictive et nostalgie sont chez lui étroitement liées. D'un côté Croisset, de l'autre les paysages rêvés : les images de voyage et de vie sédentaire se complètent. L'exotisme est d'emblée une ouverture sur l'impossible. Après avoir évoqué les six mille femmes, les cavales numides, les bassins de marbre qu'il *était né* pour posséder, Flaubert constate qu'il n'a *rien que des désirs immenses et insatiables, un ennui atroce et des bâillements continus.* On songe au bâillement monstrueux de l'ennui baudelairien, prêt à avaler le monde ou à le réduire à la désolation.

La cruauté, l'horreur, les rêves de destruction sont en fait des motifs insistants chez Flaubert. Or ils sont très souvent associés aux lieux communs de l'exotisme qui, pour lui, correspondent aux tentations de la violence et du désordre.

Croisset en 1840. Dessin à la plume de E. Berat.

Le Caire. Photo de Maxime Du Camp.

« ... *je me fiche une ventrée de couleurs...* ». Delacroix. Esquisse (Louvre).

Désirs de paroxysme qui ne sont que des symptômes du mal solipsiste, de la difficulté de vivre avec soi-même. *Je porte en moi la mélancolie des races barbares, avec ses instincts de migrations et ses dégoûts innés de la vie qui leur faisaient quitter leur pays comme pour se quitter eux-mêmes.* Pourtant il ne s'agit pas d'une banale tentative d'évasion. *Voyager*, écrit le jeune Flaubert de Gênes, *doit être un travail sérieux.* Le déplacement dans l'espace et dans le temps a certes pour but immédiat le culte de la sensation différente *(... je recherche la couleur... je me fiche une ventrée de couleurs...)* ; mais au départ, et en profondeur, il correspond à un rêve d'avatars, à une quête de l'identité. Flaubert prétend avoir des souvenirs qui remontent aux Pharaons. *J'ai été batelier sur le Nil, leno à Rome du temps des guerres puniques, puis rhéteur grec dans Subure, où j'étais dévoré de punaises. Je suis mort, pendant la croisade, pour avoir trop mangé de raisins sur la plage de Syrie. J'ai été pirate et moine, saltimbanque et cocher. Peut-être empereur d'Orient, aussi* [17].

14

Pareille phrase n'est pas destinée au simple amusement de son amie George Sand. Elle révèle une insatisfaction, un mélange particulier de fatigue de vivre, de nostalgie et de fiction, qui est en fait une des caractéristiques du *bovarysme*. Ce n'est pas par hasard que les images d'orgie viennent dans l'esprit de Flaubert s'associer tout naturellement aux images de voyage. *De toutes les débauches possibles, le voyage est la plus grande que je sache ; c'est celle-là qu'on a inventée quand on a été fatigué des autres* [18]. Dans ses romans, même lorsque l'action se situe dans un village normand, les motifs exotiques trahissent une thématique orgiaque. Emma, sur le point de s'enfuir avec Rodolphe, se voit dans des villes distantes aux dômes splendides, ou dans une forêt de citronniers, tout enveloppée du son des guitares et du murmure des fontaines. De même, Frédéric Moreau imagine qu'avec Mme Arnoux il circule, à dos de dromadaire, à travers les pays lointains et prestigieux.

Cette interdépendance des images temporelles et spatiales est sans doute une des constantes de l'esprit « romantique ». Lyrisme des sens et poésie de l'histoire, Flaubert les connaît tous deux à fond – mais c'est la rêverie historique qui l'emporte : les périodes révolues, plus encore que les rivages distants, offrent le luxe d'une curiosité passive, d'une rêverie inassouvissable, d'une méditation sur la mort. *As-tu éprouvé cela quelquefois, le frisson historique ?* A tout moment, dans ses lettres, il revient sur cette passion de l'antiquité. *Que ne donnerais-je pas pour voir un triomphe ! Que ne vendrais-je pas pour entrer un soir dans Suburre, quand les flambeaux brûlaient aux portes des lupanars et que les tambourins tonnaient dans les cavernes ! Comme si nous n'avions pas assez de notre passé, nous remâchons celui de l'humanité entière et nous nous délectons dans cette amertume voluptueuse.* Un pareil passage éclaire l'affirmation fondamentale : *Je porte l'amour de l'antiquité dans mes entrailles* [19]...

Souvent l'*amertume voluptueuse* se nourrit d'images turbulentes, voire cruelles. Les débauches de l'imagination vont de pair avec un érotisme exacerbé et avec des rêveries de violence. Les nécropoles embaumées, les hyènes qui glapissent – ce sont là les sensations que Flaubert aime à évoquer. Notions quelque peu livresques : durant son adolescence l'« orientalisme » était à la mode. *Dans ces pays-là, les étoiles sont quatre fois larges comme les nôtres, le soleil y brûle, les femmes s'y tordent et bondissent dans les baisers, sous les étreintes* [20]. Il invente des scénographies de festins accompagnés de cris d'esclaves torturés. Le sadisme restera tout au long de sa vie une des tentations de Flaubert, mais il choisit le plus souvent de le dépayser. C'est dans *Salammbô* et les trois versions de *la Tentation de saint Antoine* qu'il s'abandonne avec le moins de réticences à ses visions détaillées de supplices, de viols, d'éventrements, de maladies affreuses et de mutilations.

Il est clair que l'exotisme flaubertien – ainsi que tout ce qui chez lui suggère l'excès, le débordement, l'usure – correspond à une perception chronique de la futilité. Sexualité et stérilité : les désirs transcendants et une tristesse métaphysique se rencontrent dans la figure symbolique de la prostituée si chère à Flaubert. Et ce n'est pas par hasard que cette figure est accouplée, dans son esprit, au thème de l'antiquité. Il écrit de Rouen à son ami Ernest Chevalier : *Il fait assez beau temps depuis hier et il doit y avoir le soir, sur le boulevard, bon nombre de prostituées décolletées, entre la rue de Grammont et la rue Richelieu surtout. C'est là le beau, le moment suprême de Paris, et l'heure de 8 heures du soir me fait songer à l'antiquité.* Mythe de la prostituée qui n'a sans doute rien de très original ; la courtisane et la simple fille de joie sont des héroïnes privilégiées de la littérature romantique. Ce qui caractérise l'intérêt fasciné de Flaubert, c'est que la figure de l'éternelle hétaïre conjugue

à ses yeux images de débauche et sens du néant. Volupté et ascétisme, appétit et dégoût (surtout le dégoût de vivre) forment ainsi pour lui des couples inséparables. *Je n'ai jamais pu voir passer aux feux du gaz une de ces femmes décolletées, sous la pluie, sans un battement de cœur, de même que les robes des moines avec leur cordelière à nœuds me chatouillent l'âme en je ne sais quels coins ascétiques et profonds. Il se trouve, en cette idée de la prostitution, un point d'intersection si complexe, luxure, amertume, néant des rapports humains, frénésie du muscle et sonnement d'or, qu'en y regardant au fond le vertige vient* [21]... L'amertume voluptueuse, par l'intermédiaire de l'association monacale, est au service d'une obsession de l'absolu. Marie, la prostituée dans *Novembre*, incarne à la fois un immense désir de vivre et une conscience désespérée de la tragédie de tout désir.

La débauche me plaît et je vis comme un moine. Je suis mystique au fond et je ne crois à rien. Voilà qui définit admirablement le monachisme particulier de Flaubert. Car on doit prendre au sérieux les images de séquestration et d'ascétisme. A Tourgueneff, alors qu'il est attelé à *Bouvard et Pécuchet*, il mande : *Il faut avoir le génie de l'ascétisme pour s'infliger de pareilles besognes* [22]. L'image du moine revient non seulement dans ses textes (l'ermite saint Antoine, le solitaire saint Julien l'Hospitalier, ses deux copistes ascétiquement penchés sur leur écritoire), elle s'intègre d'entrée de jeu à l'idée qu'il aime se faire de sa vocation d'écrivain. Détachement, discipline et austérité sont indispensables, selon lui, pour atteindre à la dignité sacerdotale de l'artiste. L'image du moine correspond d'ailleurs au désir plus profond d'aller rejoindre les rangs des grands martyrs de l'Art. La chambre de Croisset n'est-elle pas une sorte de cellule ? Et la fermeture sur soi-même n'est-elle pas une ouverture sur l'infini ?

Le terme et le concept de moine reviennent à tout propos (*... je vis comme un chartreux... ; je me suis toujours... séquestré dans une âpreté solitaire...*) Il est persuadé qu'il y a en lui du moine : *J'ai toujours beaucoup admiré ces bons gaillards qui vivaient solitairement, soit dans l'ivrognerie ou dans le mysticisme. Cela était un joli soufflet donné à la race humaine, à la vie sociale* [23]... Il faut faire la part d'un certain instinct de rétractilité ; Flaubert semble favoriser les lieux clos (*... fermons notre porte, montons au plus haut de notre tour d'ivoire...*), la rupture avec l'extérieur, et l'éclairage artificiel (*... il faut boucher toutes nos fenêtres et allumer des lustres...*),

Les images de séparation, de barrières défensives apparaissent avec une fréquence particulière. Il aime les journées d'été qui l'obligent à travailler les volets fermés, les rideaux tirés. Entre le paysage et lui-même il se plaît à établir une distance : *... la campagne est belle, les arbres sont verts, les lilas sont en fleurs ; mais de cela, comme du reste, je ne jouis que par ma fenêtre.* Des métaphores de claustration se proposent à lui tout spontanément *(... je m'étais entouré d'un mur strict... Je me suis creusé mon trou).* On dirait qu'il éprouve un besoin physique de se recroqueviller. *Il faut fermer sa porte et ses fenêtres, se ratatiner sur soi, comme un hérisson...* Des images d'animaux servent souvent à renforcer cet emmurement obstiné dans sa propre intimité. Il faut se renfermer et travailler tête baissée *comme une taupe*, il faut oublier la terre *comme un ours blanc* sur son glacier, il faut savoir se clore au monde comme un mollusque. *Je vis absolument comme une huître* [24].

Croisset (Bibliothèque municipale, Rouen).

Cette rétractilité s'explique par une peur chronique de tout engagement, de toute action. Car il s'agit moins de donner un soufflet à la vie sociale que de s'y soustraire. C'est ainsi que Flaubert, selon la thèse de Sartre, se serait réfugié dans la maladie « psychosomatique », ou plutôt l'aurait *choisie* par option stratégique passive. Si en effet Flaubert prétend qu'il faut *calfeutrer toutes ses fenêtres, de peur que l'air du monde ne vous arrive,* c'est que l'acte de vivre le remplit d'une angoisse que son amour-propre traduit en dégoût. *L'action m'a toujours dégoûté au suprême degré. Elle me semble appartenir au côté animal de l'existence* [25]... L'amour, le mariage, la procréation : autant de complicités avec le principe vital. Aimer, explique-t-il à son ami Alfred Le Poittevin, le ferait rentrer *dans la vie active, dans la vérité physique...* Dénoncer les valeurs bourgeoises lui sert dans une large mesure à justifier ses refus. Son conseil à un autre ami en dit long : *Reste toujours comme tu es, ne te marie pas, n'aie pas d'enfants, aie le moins d'affections possible, offre le moins de prise à l'ennemi.* L'ennemi, pas de doute possible, c'est bien la vie elle-même. Aussi ne faut-il pas s'étonner de le voir rêver de castration. *J'ai admiré dans un temps l'héroïsme d'Origène qui me paraît un des grands actes de bon sens dont un homme puisse s'aviser.* Curieuse confession à faire à une maîtresse désireuse de lire d'autres paroles! Et que dire de cette autre lettre où Flaubert déclare dévorer de baisers cette même Louise Colet parce qu'elle vient de lui annoncer, au terme d'une période d'incertitude, qu'elle n'est après tout pas enceinte. L'égoïsme de Flaubert en cette page pourrait scandaliser (il peut maintenant enfin se remettre au travail!), si ce n'était que son accablement ne révélait une révulsion et une terreur plus profondes. *L'idée de donner le jour à quelqu'un* me fait horreur. *Je me maudirais si j'étais père. Un fils de moi! Oh non, non, non! Que toute ma chair périsse et que je ne transmette à personne l'embêtement et les ignominies de l'existence* [26] *!*

L'art et la maladie deviendront pour Flaubert de suprêmes alibis. Tous deux encouragent la solitude et l'austérité ; tous deux lui offrent le luxe d'une liberté passive ou plutôt immobile. *Ce que je redoute étant la passion, le mouvement, je crois, si le bonheur est quelque part, qu'il est dans la stagnation...* En regard de ce passage il faut placer cet autre : *Le seul moyen de n'être pas malheureux est de t'enfermer dans l'Art et de compter pour rien tout le reste.* Fermeture qu'il s'agit toutefois de ne pas interpréter comme une banale dérobade, comme une lâche indifférence. L'imagerie monacale révèle bien plus que le besoin d'une intimité protectrice (goût de la chambre bien chauffée, plaisir de l'*allégement dans la solitude*). Flaubert lui-même comprend que sa claustrophilie est au service d'une joie supérieure. Pour ses rêves les plus chers, pour ses souvenirs les plus précieux, il invoque la métaphore d'un pieux emmurement. *Chacun de nous a dans le cœur une chambre royale ;* je l'ai murée, *mais elle n'est pas détruite.* Quant aux dilections austères de l'étude et de l'écriture, ce sont tout naturellement des images d'érémitisme ascétique qui s'imposent à lui. *J'aime mon travail d'un amour frénétique et perverti, comme un ascète ; le cilice me gratte le ventre* [27].

La solitude est en fait, pour Flaubert, un puissant aphrodisiaque mental. De vraies débauches de l'imagination se déroulent à l'intérieur des limites de son existence volontairement séquestrée. Ce sont là les *harems dans la tête* qu'il évoque dans une lettre de 1853. Si les tendances monacales correspondent à un idéalisme latent, elles impliquent également – polarité caractéristique! – des fantaisies dyonisiaques. Mysticisme voluptueux qui est une des données du tempérament de Flaubert. Dans un passage révélateur de *Par les champs et par les grèves*, il résume ce sensualisme ascétique, l'appelant un *épicurisme supérieur.* Le jeûne n'est-il pas une *gourmandise raffinée* ? Cette ambivalence de l'ascétisme explique aussi pourquoi, chez Flaubert (Emma Bovary en est une parfaite illustration), les exaltations de l'érotisme s'accompagnent si souvent de velléités mystiques. Car le rapport débauche-ascétisme se manifeste dans les deux sens. *La religion comporte en soi des sensations presque charnelles ; la prière a ses débauches, la mortification son délire* [28]... Bien des personnages de Flaubert vivront cette équivoque. Lorsque Hilarion accuse saint Antoine de chasteté vicieuse, de se complaire dans la solitude pour mieux pouvoir hypocritement se livrer à ses rêves lascifs, tout se passe comme si l'auteur dénonçait une perversité qui ne lui était que trop familière.

Les rêveries ascétiques de Flaubert, son désir de négation et ses cauchemars de prolifération, suggèrent une horreur de la chair qui rappelle la tradition du pessimisme chrétien. Se référant justement à ses désirs latents de vie monacale, il observe son *besoin de se faire souffrir*, son besoin de *haïr sa chair*. Sans doute la cause immédiate de l'anti-physis de Flaubert est-elle proprement physique : il souffrait d'abcès, de clous, d'une maladie nerveuse, des conséquences d'un mal vénérien, ainsi que des remèdes qui lui étaient prescrits. Le dégoût fréquent de son propre corps est le point de départ de méditations sur la corruption inhérente à la vie même : *... nous ne sommes pendant notre vie que corruption et putréfaction successives, alternatives, envahissantes, l'une sur l'autre* [29]. Il est certain toutefois que l'œuvre entière de Flaubert se ressent de ces ambivalences désespérées de la volupté et de l'ascétisme. Ce n'est aucunement par hasard qu'Emma Bovary médite sur l'*insuffisance de la vie*, sur *la pourriture instantanée* de toutes choses, précisément devant les murs de ce couvent où s'étaient écloses ses premières rêveries voluptueuses.

Le pessimisme ou le salut par l'art

Dès son adolescence, la carrière d'écrivain apparaît à Flaubert comme une vocation de pessimisme. A son ami d'enfance Ernest Chevalier, il affirme que si jamais il prend une part active au monde, *ce sera comme penseur et comme démoralisateur.* Car penser, pour lui, équivaut à inventorier sa tristesse : *... le désespoir est mon état normal.* Prise de conscience que même les métaphores physiologiques *(La vie après tout n'est-elle pas une indigestion continuelle?)* maintiennent sur un plan métaphysique. *Comme le néant nous envahit* [30] *!* Cette plainte de l'homme de trente et un ans (il commence à perdre ses dents, ses cheveux s'en vont) traduit le sentiment permanent d'usure et de vieillissement, de superfluité et de non-être. Bien des années plus tard, Edmond de Goncourt l'entendra parler de son découragement, de son aspiration à être mort, « sans métempsycose, sans survie, sans résurrection, à être à tout jamais dépouillé de son *moi* [31] ». Tout au long de sa vie, il semble se complaire dans son *ennui,* son amertume, son indignation devant l'existence. *J'ai eu, tout jeune, un pressentiment complet de la vie.* Ce qui est une autre façon de dire qu'il se croit né vieux. Le ton de ses lettres fait souvent oublier qu'il s'agit d'un tout jeune homme, ou d'un homme encore très jeune. A l'âge de vingt-cinq ans, il écrit à Louise Colet : *Tu n'as pas voulu me croire quand je t'ai dit que j'étais vieux.* En 1852, il a trente ans, il constate : *Je me considère comme ayant quarante ans, comme ayant cinquante ans, comme ayant soixante ans.* Il aime une

Flaubert au Caire. Photo attribuée à Maxime Du Camp.

routine qui le fait se ressembler à lui-même, qui l'enfonce dans l'inanité (et l'anesthésie) de la répétition. D'où le goût de la redite. D'où aussi le dégoût du geste quotidien, c'est-à-dire de l'acte même de vivre. *C'est un supplice de manger, de m'habiller, d'être debout.* Sentiment de la nausée et de l'absurde (il y a plus d'un point en commun avec ce Sartre qui lui en veut tant de lui ressembler!), et qui éclaire le sens particulier du comique flaubertien. *Le comique arrivé à l'extrême, le comique qui ne fait pas rire, le lyrisme dans la blague, est pour moi tout ce qui me fait le plus envie comme écrivain* [32].

Le comique qui ne fait pas rire... L'humour noir de Flaubert s'exprime par une sorte de complicité avec l'érosion de la vie. *J'aime à user les choses. Or tout s'use, je n'ai pas eu un sentiment que je n'aie essayé d'en finir avec lui.* Derrière la vitalité, au-delà de toute joie, il se plaît à entrevoir le signe de la mort. Plus l'antithèse vie-néant se manifeste, et plus grande son amère satisfaction. *Je n'ai jamais vu un enfant sans penser qu'il deviendrait vieillard, ni un berceau sans songer à une tombe. La contemplation d'une femme nue me fait rêver à son squelette.* C'est à sa maîtresse qu'il écrit!

Maxime Du Camp. Dessin de E. Giraud (Bibliothèque Nationale).

Pose ou leçon de froideur ? Il y a des deux. Mais s'il choisit de se révéler ainsi comme incapable de croire au bonheur de l'amour, c'est qu'il est effectivement obsédé par le sentiment de futilité et de désintégration. Ce sentiment funéraire, il le résume par une image qui revient sous différentes formes : c'est celle de lui-même devenu le témoin suranné d'un monde qui se dépeuple. *Chacun de nous porte en soi la nécropole*, écrit-il à George Sand. Mais déjà, bien des années auparavant. *Je suis fait pour vivre vieux, et pour voir tout périr autour de moi et en moi. J'ai déjà assisté à mille funérailles intérieures* [33]...

Il y a, en Flaubert, un poète du posthume. Le passé et les objets-vestiges ne se prêtent pas pour lui à une alchimie de la résurrection : la mémoire n'est presque jamais pour lui, comme elle le sera pour Proust, une grâce et un moyen de salut. C'est la perte et le regret qui l'attirent. *C'est une belle chose qu'un souvenir, c'est presque un désir qu'on regrette...* C'est soi-même, surtout, qu'il aime à traiter en chose passée : chaque époque de sa vie est un chapitre clos. En somme, Flaubert posthume... *Assis sur le devant de ma cange, en regardant l'eau couler, je rumine ma vie passée avec des intensités profondes* [34]. Le passé revient, mais ne revit pas. Il ne semble mener à aucun avenir. Le mouvement de la cange sur ce Nil, la juxtaposition de son propre passé au passé historique, ne font qu'accentuer cette séparation d'avec les manifestations de son moi défunt. Quant à l'écoulement de l'eau, il représentera souvent, dans son œuvre, le principe de dissolution.

Parlant de sa maladie nerveuse, très probablement de nature épileptique, Flaubert confirme cette notion de décès consécutifs : *... j'ai la conviction d'être mort plusieurs fois.* Or, en cette même page, il confesse son goût du morbide : *... comme j'ai bâti de drames féroces à la Morgue.* Bien sûr, il avait lu avec intérêt Pétrus Borel et d'autres romantiques frénétiques. Mais il n'avait pas besoin de ces lectures pour nourrir sa hantise de la mortalité et de la putréfaction. Son père était médecin-chef à l'Hôtel-Dieu de Rouen ; sa famille occupant un des pavillons, il a grandi dans un cadre qui peut expliquer bien des choses. Flaubert lui-même, en tout cas, ne s'est pas privé de faire des rapprochements entre cette atmosphère de souffrance et de mort et son extrême sensibilité à tout ce qui se défait. *L'amphithéâtre de l'Hôtel-Dieu donnait sur notre jardin. Que de fois, avec ma sœur, n'avons-nous pas grimpé au treillage et, suspendus entre la vigne, regardé curieusement les cadavres étalés ! Le soleil donnait dessus ; les*

Les écuries de Flaubert et la « *Voiture du choléra* » (Bibliothèque municipale, Rouen).

mêmes mouches qui voltigeaient sur nous et sur les fleurs allaient s'abattre là, revenaient, bourdonnaient ! Il se rappelle que son père, occupé à sa dissection, leur disait de s'en aller. Ce père et cette sœur sont maintenant *cadavres* eux aussi ! Car Flaubert ne peut songer à la mort sans imaginer avec acuité l'horreur du corps qui se désintègre. *Ce pauvre père Parain, je le vois maintenant dans son suaire comme si j'avais le cercueil, où il pourrit, sur ma table, devant mes yeux. L'idée des asticots qui lui mangent les joues ne me quitte pas* [35].

L'imagination de Flaubert se complaît dans le pathologique : ... *En fait de malsain, je m'y connais.* Mais la maladie, la douleur et le sentiment du néant sont pour lui les conditions spécifiques à partir desquelles se construit l'édifice de l'Art. Pessimisme fécond : il méprise les utopistes qui, rêvant d'éliminer la souffrance, blasphèment la poésie. Il ne s'agit pas de dessécher la douleur, mais d'en faire jaillir les eaux. *Si le sentiment de l'insuffisance humaine, du néant de la vie venait à périr... nous serions plus bêtes que les oiseaux* [36]...

Si le pessimisme flaubertien est au service de la création esthétique, c'est aussi qu'en revanche l'Art (toujours avec la majuscule !) assume pour lui une valeur thérapeutique. C'est à ses yeux un principe dont jamais il n'a dérogé. En 1845, il enjoint à Alfred Le Poittevin : *Travaille, écris, écris tant que tu pourras... La lassitude de l'existence ne nous pèse pas aux épaules quand nous composons...* Trente ans plus tard, il ne pensera pas différemment. A Tourgueneff : *On ne devrait jamais se reposer, car du moment qu'on ne fait plus rien, on songe à soi et dès lors on est malade, ou l'on se trouve malade, ce qui est synonyme.* Vertu curative et libératrice de l'écriture, qui explique aussi son apparente gratuité. Flaubert insiste sur cette qualité de jeu libre et non fonctionnel. Il se réjouit de pouvoir *faire de l'Art pour soi tout seul comme on joue aux quilles* ; il déclare qu'il ne faut *chanter que pour chanter* et faire des phrases comme les bourgeois qui ont un tour dans leur grenier font des ronds de serviette. Il y a sans doute là un certain dandysme de l'ennui et du désœuvrement. A l'*à quoi bon* répond la formule essentiellement hautaine et privée : *De la musique ! De la musique plutôt ! Tournons au rythme, balançons-nous dans les périodes, descendons plus avant dans les caves du cœur.* Mais dans cette hauteur il y a aussi du défi : le culte de l'art est du même coup une réponse à l'insuffisance de la vie. *Le principal en ce monde,* écrit-il à Laure de Maupassant, *est de tenir son âme dans une région haute... Le culte de l'Art donne de l'orgueil ; on n'en a jamais trop* [37].

Parmi les pages les plus émouvantes de Flaubert, il faut compter les nombreuses lettres qui expriment, en regard d'un pessimisme foncier, les joies amères de la création littéraire. C'est une véritable leçon d'orgueil artistique qu'il donne à Louise Colet, expliquant quels devraient être ses authentiques jours de grandeur : *... quand, marchant de long en large dans ta chambre, ou regardant le bois brûler, tu te dis que rien* [ne] *te soutient, que tu ne comptes sur personne, que tout te délaisse, et qu'alors, sous l'affaissement de la femme, la muse rebondissant, quelque chose cependant se met à chanter au fond de toi, quelque chose de joyeux et de funèbre, comme un chant de bataille, défi porté à la vie...* Défi à la vanité, à la fatigue, à la peur du néant, mais aussi libération par rapport à un moi opprimant. Non seulement tout est liberté dans le monde des fictions *(On y assouvit tout, on y fait tout...),* mais c'est un délice pour lui que de *ne plus être soi,* de circuler librement dans toute la création... Thérapeutique encore :

cette fois-ci il s'agit de se guérir du mal de sa propre présence, du poids de son être. En somme, qu'il s'agisse de la vie sociale ou de la réalité ontologique, l'Art représente pour Flaubert essentiellement le salut par l'abstraction. *La vie n'est tolérable qu'à la condition de n'y jamais être* [38].

Le salut aussi par la métamorphose purificatrice. La hantise de la pourriture devient une source d'inspiration : l'artiste est un alchimiste qui fait de la beauté avec l'impureté de la vie. Dans une longue métaphore, d'un goût d'ailleurs assez douteux, Flaubert recommande à sa Muse de *ne pas oublier les latrines*, car il s'y élabore une chimie supérieure, il s'y fait *des décompositions fécondantes*. L'écrivain est un extracteur de délectations qui transmue la réalité crue et cruelle en une essence idéale, s'élevant ainsi vers l'absolu et l'idéal. *Nous sommes cela, nous autres, des vidangeurs et des jardiniers. Nous tirons des putréfactions de l'humanité, des délectations pour elle-même, nous faisons pousser des bannettes de fleurs sur des misères étalées. Le Fait se distille dans la Forme et monte en haut, comme un pur encens de l'Esprit vers l'Éternel, l'Immuable, l'Absolu, l'Idéal*. Nul texte de Flaubert ne suggère plus clairement la notion de la vertu rédemptrice de l'Art. Ce qui est en cause ici c'est tout le rapport entre le « réalisme » flaubertien et son idéalisme, voire ses tendances mystiques. L'intérêt de l'œuvre de Flaubert dérive, dans une large part, de cette contradiction apparente. Le fait qui se distille dans la forme... Car le démoralisateur qui se propose de dire la vérité *horrible, cruelle et nue* veut également croire que le beau, comme une étoile, *ne se détache pas du ciel* [39].

Style et sacerdoce

Les lettres de Flaubert suffiraient pour lui assurer une place dans l'histoire littéraire. Écrites souvent après de longues heures de travail, se ressentant de l'exaspérante lutte avec son sujet et ses phrases, elles révèlent, par contraste, un Flaubert plus spontané, et même débraillé. Savoureuses et familières, ces lettres manifestent toutefois – et en dépit de certaines crudités – un indéniable appétit de grandeur. Rien de mesquin chez Flaubert. Sa correspondance reflète très précisément sa double exigence : d'une part, les amitiés et les contacts intellectuels ; d'autre part, les satisfactions de la distance et de la sécurité dans l'isolement. Dans sa chambre à Croisset, Flaubert peut se sentir l'intime de ses correspondants, et cependant ne pas se laisser envahir. Car il a besoin d'être généreux et affectueux (peu d'écrivains ont eu, autant que lui, le culte de l'amitié) ; mais il éprouve aussi la peur constante de s'éparpiller, de se dissiper. Sa mère, dont il aime à subir la douce tyrannie, lui sert de constant alibi.

Pour l'histoire du genre romanesque cette correspondance est capitale : Flaubert examine de près le « métier » de romancier. C'est aussi un document émouvant concernant les angoisses et les problèmes de l'écrivain-artiste. Sans doute Flaubert est le premier écrivain français à se préoccuper de façon aussi systématique des possibilités, des limites, des difficultés techniques, et des critères du roman en tant que genre artistique viable. Car il est persuadé que le roman a ses lois qu'une méditation suivie et une expérimentation contrôlée lui permettront de découvrir et d'exploiter. *J'ai fait... des progrès en esthétique... Je sais comment il faut faire* [40].

Le verbe savoir prend ici son sens fort. Flaubert ne démord pas de l'idée que la littérature doit être aussi précise qu'une science ; qu'elle n'est pas une copie de la vérité, mais qu'elle devient la vérité à force d'invention disciplinée. Ne se compare-t-il pas, durant sa période d'apprentissage, à un homme *qui jouerait du piano avec des balles de plomb sur chaque phalange ?* C'est une *méthode impitoyable* qu'il recherche en composant *Madame Bovary*, méthode qui élève l'artiste au-dessus de ses affections personnelles et impose à son art *la précision des sciences physiques*. Ailleurs il écrit : *La poésie est une chose aussi précise que la géométrie*. Idée sur laquelle il revient encore dans une lettre à George Sand, insistant cette fois sur une double loi de la nécessité et des nombres : *... pourquoi y a-t-il un rapport nécessaire entre le mot juste et le mot musical ? Pourquoi arrive-t-on toujours à faire un vers quand on resserre trop sa pensée ? La loi des nombres gouverne donc les sentiments et les images* [41]...

L'originalité de Flaubert en matière de théorie du roman, c'est d'avoir insisté sur la question du style dont il ne cesse d'affirmer la priorité. Pour Flaubert le sujet n'a qu'une importance relative ; ce qui compte, c'est la logique intérieure, la perfection de la structure et de la texture qui dépendent entièrement de l'emploi unique et irremplaçable d'éléments linguistiques et rythmiques. Il en arrive ainsi à des déclarations qui peuvent sembler paradoxales *(... il n'y a pas en littérature de beaux sujets d'art...)*, mais qui s'imposent comme l'évidence même à partir du moment où l'on admet que la beauté d'une œuvre réside exclusivement dans la réussite de l'effort artistique. Le style devient ainsi bien autre chose qu'une prouesse technique : c'est une affaire de vision. *C'est pour cela qu'il n'y a ni beaux ni vilains sujets et qu'on pourrait presque établir comme axiome, en se posant au point de vue de l'Art pur, qu'il n'y en a aucun, le style étant à lui tout seul une manière absolue de voir les choses* [42]. Nulle idée de Flaubert n'est à la fois plus audacieuse et plus moderne.

Il s'agit, on le voit, de bien autre chose que de vocabulaire et de syntaxe. Le *style*, dans le contexte flaubertien, c'est à la fois la substance verbale, pour ainsi dire matérielle du texte, et son esprit. *Le style*, explique-t-il à Ernest Feydeau, *est autant sous les mots que dans les mots. C'est autant l'âme que la chair d'une œuvre.* Rythme et musique sont, selon lui, les moyens grâce auxquels l'écrivain-virtuose pourra réaliser le rêve d'une nouvelle prose, aussi savamment cadencée que la plus exquise poésie. *Il me semble que la prose française peut arriver à une* beauté *dont on n'a pas l'idée.* Précision et vigueur – telles sont pour lui les qualités suprêmes. L'idéal, ce serait un langage littéraire qui bannirait toute approximation et toute superfluité : ... *un style... précis comme le langage des sciences... un style qui vous entrerait dans l'idée comme un coup de stylet* [43]... La densité d'un texte, Flaubert en est sûr, dépend entièrement d'une conception minutieuse, de la patiente recherche de l'expression. D'où ses efforts pour découvrir et mettre en pratique les lois de l'équilibre, de la gradation, de la modulation, de la demi-teinte – et en particulier les ressources complexes du style indirect.

Les affirmations les plus péremptoires de la *Correspondance* concernent l'impassibilité et l'impersonnalité de l'artiste. Ce sont celles aussi qui se prêtent le plus aisément aux malentendus. Car si l'écrivain dans son œuvre doit être *comme Dieu dans l'univers*, cela veut dire qu'il ne doit être *visible nulle part*, mais aussi qu'il doit être présent partout. Cette « présence » nécessaire est trop souvent oubliée par ceux qui tiennent à l'image d'un Flaubert se retirant dans l'indifférence orgueilleuse et cruelle. En fait, *l'impersonnalité surhumaine* [44] qu'il vante chez un Shakespeare proviendrait plutôt de la conscience aiguë que le moi, prisonnier d'une subjectivité, ne peut à lui tout seul rendre compte de la douleur et de la grandeur du monde. Flaubert, on le sait, se méfie des émotions personnelles. *On peut être maître de ce que l'on fait, mais jamais de ce que l'on sent* [45]. Plus encore qu'une leçon de modestie, la doctrine de l'impersonnalité implique une compassion globale – ou plutôt (et de façon plus tragique) la conviction qu'il n'existe pas, face à la condition de l'homme, de compassion humaine adéquate. Ce décalage entre l'absurdité de la souffrance humaine et la futilité de toute justification subjective permet de comprendre pourquoi Flaubert prétend écrire les faits du point de vue d'une *blague supérieure, c'est-à-dire comme le bon Dieu les voit* [46]...

Voilà aussi pourquoi impersonnalité, dans le contexte flaubertien, ne veut pas dire cruauté ; elle n'exclut ni la compréhension ni la chaleur de la sympathie. *Je ne veux avoir ni amour, ni haine, ni pitié, ni colère. Quant à la sympathie, c'est différent : jamais on n'en a assez.* Invoquant la chimie merveilleuse qui permet à l'écrivain d'absorber et de reproduire le monde extérieur, Flaubert est encore plus explicite concernant cette sympathie impersonnelle. *Notre cœur ne doit être bon qu'à sentir celui des autres.* Effacement du moi auquel correspondent les joies d'une communion plus large. Il connaît ainsi des moments extatiques, circulant librement dans sa propre création, participant pleinement à la vie de tout ce qui n'est pas lui : ... *c'est une délicieuse chose que d'écrire, que de ne plus être soi... Aujourd'hui par exemple, homme et femme tout ensemble, amant et maîtresse à la fois, je me suis promené à cheval dans une forêt, par un après-midi d'automne, sous des feuilles jaunes, et j'étais les chevaux, les feuilles, le vent, les paroles qu'ils se disaient* [47]... Le dogme de l'impassibilité finit par rejoindre les velléités mystiques.

L'idéal « impersonnel » de Flaubert est en fait l'idéal d'une « mimesis » altière et quasi universelle. L'art, selon Flaubert, est une *représentation*. Mais cet art de représenter n'a rien à voir avec le réalisme facile : *Il faut que l'esprit de l'artiste soit comme la mer, assez vaste pour qu'on n'en voie pas les bords, assez pur pour que les étoiles du ciel s'y mirent jusqu'au fond* [48]. Tous les termes clefs suggèrent espace, profondeur, spiritualité. Au cœur même des discussions théoriques de Flaubert, l'on retrouve la passion de l'inaccessible.

Plus encore que par les questions de métier qu'elle soulève, la *Correspondance* propose l'acte d'écrire comme une vocation et une destinée. Destinée tragique, puisque cette vocation apparaît – thème bien romantique – comme une malédiction et une maladie. *L'artiste, selon moi, est une monstruosité, quelque chose hors nature.* Rousseau avait déjà affirmé cela du penseur, et Balzac du génie. Avec Flaubert c'est plus spécifi-

quement la littérature qui est cause de tortures, de dérègle-
ment, de pathologie morale. Flaubert la compare à une *vérole
constitutionnelle* dont il ne saurait se guérir. *Je suis abruti
d'art et d'esthétique et il m'est impossible de vivre un jour sans
quitter cette incurable plaie, qui me ronge.* Mal qui le fait vivre,
mais qui le désespère aussi, lui infligeant le tête-à-tête quotidien avec son impuissance. Il est persuadé que son goût
grandit mais que son imagination reste stationnaire : *cet art
devient pour moi un supplice.* La stérilité et le silence deviennent pour lui de véritables hantises. Malgré sa lutte de tous
les jours avec les structures et les mots, Flaubert est au fond
convaincu de l'impossibilité du langage. *J'ai l'infirmité d'être
né avec une langue spéciale dont seul j'ai la clef* [49]. Le drame
de l'incommunicabilité, destiné à devenir un des thèmes
majeurs de notre époque, est au cœur de l'œuvre de Flaubert.

Les *affres du style*, c'est bien cela : le corps à corps exaspé-
rant avec le verbe – non seulement avec les mots, mais avec
l'esprit qu'ils incarnent. *Ah ! je les aurai connues les* affres *de
l'Art.* Les difficultés de la conception et de l'écriture ne font
qu'exacerber *l'indomptable fantaisie* qu'il a d'écrire. Ses
plaintes ne sont pas de vagues apitoiements sur lui-même ;
on sent la tension nerveuse, la crispation qui font qu'il sourit
parfois amèrement de sa *manie* d'arrondir des périodes. *Le
style, qui est une chose que je prends à cœur, m'agite les nerfs
horriblement. Je me dépite, je me ronge. Il y a des jours où j'en
suis malade, et où, la nuit, j'en ai la fièvre.* Et pour bien mar-
quer que le mot « style » embrasse autre chose que l'alignement
des mots et les complexités de la syntaxe et du rythme : *Plus
je vais et plus je me trouve incapable de rendre l'*Idée [50].

L'irritation flaubertienne n'est pas simplement la réaction
d'une nature sédentaire et nerveuse. Son agacement devant
le papier provient d'une angoisse plus profonde. Flaubert
n'hésite pas à parler d'*épouvante*. C'est une véritable terreur
qu'il éprouve devant l'acte littéraire. *Maintenant d'ailleurs,*
confesse-t-il à Louise Colet, *j'ai toujours peur d'écrire. Éprouves-
tu, ainsi que moi, avant de commencer une œuvre, une espèce
de terreur religieuse... ?* Ailleurs il décrit sa *peur* devant tout
sujet à traiter, son *effroi voluptueux* avant d'entamer le rêve.
Et pourtant cette panique et ces épuisantes luttes ne font que
le convaincre de la nécessité de sa vocation et de la beauté
d'une souffrance qui sert l'art. *Quel foutu métier ! quelle sacrée
manie ! Bénissons-le pourtant ce cher tourment. Sans lui il
faudrait mourir* [51].

Louise Colet. Gravure de Winterhalter (Bibliothèque Nationale).

L'adjectif *sacrée* pourrait facilement venir se placer après le substantif *manie*. La joie flaubertienne dépend, en profondeur, d'un sens de communion avec les grands maîtres de l'art qu'il révère. S'il exhorte Louise Colet à aimer le travail littéraire d'un *amour exclusif, ardent, dévoué,* c'est qu'il l'envisage comme un acte de participation à une communauté spirituelle extra-temporelle, c'est qu'il le comprend comme un sacerdoce. Flaubert exprime un souverain mépris pour le métier d'homme de lettres *(Les gens de lettres sont des putains...)* : ce métier d'arriviste et de cuistre n'a rien à voir avec la libre participation à un mandarinat dans l'absolu. *Il n'y a d'important qu'un petit groupe d'esprits, toujours les mêmes, et qui se repassent le flambeau* [52]. Notion d'une élite spirituelle qui est bien différente de la notion beyliste des

« happy few ». Flaubert refuse un présent qui anéantirait le refuge dans le déjà-posthume. La divinisation de l'art, le désir d'appartenir à une communauté invisible, le besoin d'éternel, pourraient s'interpréter comme autant de refus d'assumer des responsabilités ici et maintenant. Avec quelque sévérité, Sartre accuse Flaubert d'avoir préféré une solidarité abstraite avec les « élus » pour se masquer à lui-même et s'escamoter une inaliénable liberté [53]. Il est certain que Flaubert choisit de fixer sa vie d'écrivain comme une destinée, qu'il conçoit sa vocation d'artiste comme Baudelaire conçoit la sienne dans « les Phares ».

Les tentations du moi

Pour commencer, la littérature est pour lui exercice, pastiche, déversoir, revanche imaginaire. Ses œuvres de jeunesse, à une ou deux exceptions près, Flaubert a eu la fermeté de ne pas les publier. C'est qu'elles lui semblent maladroites, et surtout étaler impudiquement ses sentiments et ses efforts. *Novembre,* que Louise Colet le verrait volontiers publier au même titre que *l'Éducation sentimentale* de 1845, lui paraît rempli de *monstruosités de mauvais goût* : il le gardera dans son carton indéfiniment. *Ah! quel nez fin j'ai eu dans ma jeunesse de ne pas le publier! Comme j'en rougirais maintenant.* Cependant Flaubert est le premier à en reconnaître la valeur révélatrice. *Si tu as bien écouté* Novembre, *tu as dû deviner mille choses* indisables *qui expliquent peut-être ce que je suis* [54]. Valeur de document psychologique qui explique les réticences de Flaubert. Le texte – comme d'ailleurs l'ensemble de ses *juvenilia* – ne nous en est que plus précieux.

Entre 1831 (il a dix ans et vient de dédier à sa mère un résumé du règne de Louis XIII) et 1845 (il termine la première version de *l'Éducation sentimentale*) : plus de quarante titres, y compris plusieurs scénarios! Plus impressionnante encore est la variété de genres, de techniques et de thèmes. On dirait un résumé de toutes les modes romantiques : contes philosophiques, études historiques, récits surnaturels, projets de théâtre, œuvres autobiographiques, satires, pages mystiques. Souvent les genres se mêlent : mode et confession personnelle se confondent. La gamme s'étend du cliché à la hantise intime, du sentimental au grotesque : fatalité et suicide *(Un parfum à sentir)* ; jalousie fraternelle *(la Peste à Florence)* ;

histoire d'un enterré vivant *(Rage et Impuissance)* ; satanisme, drame de l'ange déchu, et problème du mal *(Rêve d'enfer)* ; viol et assassinat commis par un monstre *(Quidquid volueris)* ; une « physiologie » dans le goût de l'époque *(Une leçon d'histoire naturelle, genre commis)* ; tragédie d'une femme adultère qui finit par tuer son mari et ses enfants *(Passion et Vertu,* préfigurant le drame d'Emma Bovary) ; autobiographie spirituelle *(Agonies)* ; autre œuvre « satanique » à tendances mystiques et philosophiques *(la Danse des morts).* Ce n'est là qu'un échantillon. Pour l'inventaire total et l'analyse détaillée de ces œuvres de jeunesse, il faut renvoyer à l'étude magistrale de Jean Bruneau.

Quelques textes s'imposent comme particulièrement importants pour la connaissance de Flaubert : *Mémoires d'un fou* (1838-1839), dédicacé au grand ami Alfred Le Poittevin, qui est une « confession » sur laquelle plane la figure idéale et convoitée de Mme Schlésinger ; *Smarh* (1839), une « diablerie » mi-dramatique, mi-narrative, préfigurant *la Tentation de saint Antoine* ; *Novembre* (1842) qui est une projection de rêves adolescents d'idéal et d'érotisme (la figure principale est une prostituée appelée Marie) ; et enfin *l'Éducation sentimentale* de 1845 (première version n'ayant pour ainsi dire aucun rapport avec le grand roman de 1869) qui représente le premier effort soutenu dans le genre romanesque.

Curieux mélange! Et cependant, derrière la profusion et la variété de cette matière, on reconnaît une continuité de motifs qui éclaire la parenté d'œuvres à première vue aussi disparates que *Madame Bovary, Salammbô,* et *Bouvard et Pécuchet.* Les structures de son imagination telles qu'elles se manifestent dans ces premiers textes ne font que confirmer les traits révélés par sa correspondance : goût de l'érotisme violent, fascination de l'adultère, obsession de la mort, pessimisme métaphysique, attraction pour ainsi dire pathologique de la pourriture et de la notion du néant, pose blasphématoire devant les conditions mêmes de l'existence. Qu'il y ait des éléments de sadisme, cela est indéniable. L'influence du marquis, qu'il découvre à l'époque, se fait sentir de façon peu ambiguë dans un texte posthume intitulé *Souvenirs, notes et pensées intimes* [55], dont un passage se lit comme un pastiche d'une « scène » de Sade : des femmes sanglotantes, toutes vêtues de noir, sont amenées dans une chambre spéciale meublée de sofas, cependant que l'on entend de furieux grattements de griffes sur les portes.

Reconnaissons que le jeune Gustave ne se prive pas de fantaisies lubriques et cruelles. Dans *Un parfum à sentir*, il compose un passage dithyrambique à la gloire des seins ; dans *Rage et Impuissance*, il chante la peau couleur olive des femmes asiatiques ; dans *Mémoires d'un fou*, il languit pour *quelque femme à la peau brune, au regard ardent...* Mais cette sensualité, assez banale en somme, assume presque inévitablement chez lui une couleur sombre. On en arrive vite aux visions d'orgies et de carnalité destructrice. Des images « néroniennes » hantent Flaubert bien avant qu'il entreprenne d'écrire *la Tentation de saint Antoine*, *Salammbô* et *Hérodias*. Néron paraît en fait, dans *la Danse des morts*, comme le fils favori de Satan, invoquant des souffrances inouïes, et recommandant un mélange de jouissance et de sauvagerie. Notes sadiques qui sont encore plus poussées dans *Quidquid volueris* : le viol s'y accomplit dans un climat de brutalité hystérique, avec accompagnement de *cris féroces*.

Il faut faire la part des influences livresques. Flaubert et ses amis avaient lu les produits et sous-produits de l' « école frénétique ». Les *Contes immoraux* de Pétrus Borel venaient de paraître. Flaubert connaissait certes les pages macabres du « Lycanthrope ». Ses propres histoires de tombes profanées, de corps exhumés, de chair en décomposition, de combats à mort entre ivrognes, rappellent par tant de détails d'autres textes de l'époque que l'on est obligé de parler de goût plutôt que d'originalité. Or le goût de Flaubert pour ce qui relève de l'outré et de l'anormal est indéniable. Et au-delà de ce goût, un thème strictement flaubertien : la vertu érosive de la vie.

Pour ce qui est de l'autoportrait du jeune Gustave, les textes à partir de sa seizième année sont particulièrement riches. *Mémoires d'un fou* nous le montrent, comme sa future Bovary, *vierge de sensations*, et brûlant d'en avoir. Lui aussi a d'abord connu le désir du désir par l'intermédiaire de lectures exaltantes. Gustave est en fait la première victime du « bovarysme ». *Je me rappelle avec quelle volupté je dévorais alors les pages de Byron et de* Werther *; avec quels transports je lus* Hamlet, Roméo, *et les ouvrages les plus brûlants de notre époque, toutes ces œuvres enfin qui fondent l'âme en délices, qui la brûlent d'enthousiasme.* Le résultat, aux yeux du monde : ... *une exaltation de cerveau voisine de la folie* [56].

La plage de Trouville par Mozin (Bibliothèque municipale, Rouen).

Plus intime encore est l'évocation de son engouement adolescent pour cette Mme Schlésinger qu'il a rencontrée sur la plage de Trouville. Et en particulier les fantaisies de profanation et de jalousie qui jouent autour de l'image de la femme inaccessible et de l'éternel mari, et en font un des thèmes permanents de son œuvre. *Je pensai à son mari, à cet homme vulgaire et jovial, et les images les plus hideuses vinrent s'offrir devant moi* [57]. Ébauche du « triangle » Frédéric Moreau, M. et Mme Arnoux ; ébauche de l'assouvissement imaginaire par l'intermédiaire d'amours faciles ; ébauche aussi de la honte et du dégoût profond devant les *convulsions de la chair*.

Mais le motif sous-jacent dont la portée pour l'œuvre entière sera la plus importante, bien qu'il s'enveloppe ici d'une rhétorique assez banale, c'est la désorientation philosophique.

Et nous, quelle religion aurons-nous? Être si vieux que nous sommes, et marcher encore dans le désert comme les Hébreux qui fuyaient l'Égypte.

Où sera la Terre promise?

Nous avons essayé de tout et nous renions tout sans espoir ; et puis une étrange cupidité nous a pris dans l'âme et l'humanité, il y a une inquiétude immense qui nous ronge, il y a un vide dans notre foule ; nous sentons autour de nous un froid de sépulcre [58].

« La perspective du passé embellit-elle les choses ? »

En regard de ce passage juvénile où le « vide » se manifeste comme principe d'inquiétude, il est curieux de placer la confession qu'il fera, bien des années plus tard, à George Sand quand elle lui reprochera de ne pas avoir une « vue bien arrêtée » de la vie. *Vous n'éclairez pas mes ténèbres avec de la métaphysique... Les mots religion ou catholicisme, d'une part ; progrès, fraternité, démocratie de l'autre, ne répondent plus aux exigences spirituelles du moment... Je ne vois pas le moyen d'établir aujourd'hui un principe nouveau, pas plus que de respecter les anciens. Donc je cherche, sans la trouver, cette idée d'où doit dépendre le reste* [59].

Mais ce sont les pages fiévreuses de *Novembre*, évoquant les angoisses de la puberté et de l'adolescence, qui constituent le texte capital pour la biographie spirituelle du jeune Gustave. *Cette œuvre a été la clôture de ma jeunesse* [60]. Œuvre injustement négligée, dont les effets trop somptueux et la rhétorique un peu forcée n'arrivent pas à diminuer l'intérêt littéraire et humain. Le mystère du plaisir physique, la convoitise d'une satisfaction irréalisable, les alternances d'exaltation et de renoncement, la volupté triste – tout cela ressort avec force. Aucun texte, avant *l'Éducation sentimentale*, ne fait jouer plus nettement la dialectique flaubertienne de la profanation et du rêve d'idéal.

Novembre est sans doute bourré de clichés romantiques : l'orgueil de la solitude *(... je trouvais que ma solitude me faisait beau...)* ; les antithèses du cynisme et de la tendresse, de l'enthousiasme et du découragement ; le culte du souvenir et du dolorisme ; les images lyriques et élégiaques rebattues (feuilles d'automne, tonneau vide, ruines évocatrices, aigle orgueilleux) ; les vagues questions sur le sens de la vie ; l'attraction du suicide... L'intérêt du texte réside ailleurs.

C'est sur le plan de l'obsession sexuelle que *Novembre* est à la fois le plus personnel et le plus poétiquement intense. Érotisme qui sert, lui aussi, de prétexte à certains passages fastueux, mais dont on ne saurait nier les résonances affectives et thématiques. Déjà dans ces pages de jeunesse la sexualité est associée au rêve de l'impossible. Les manifestations du désir charnel correspondent à la multiplicité paralysante des projets. Elles impliquent la rage de l'impuissance, *la rage que l'on a pour les choses impossibles* [61].

Elles impliquent également une frénésie de dédoublement : le narrateur se voit dans un rapport de sujet à objet qui décuple ses *voluptés de la pensée*. Il voudrait à la fois posséder son destin, et devenir autre pour pouvoir se posséder lui-même. La tentation du plaisir solitaire ne cesse de s'offrir à lui. Il évoque les attentes fébriles : *j'attendais... ces frémissements auxquels je pensais toute la journée, qu'il n'eût tenu qu'à moi d'avoir à l'instant, et dont j'éprouvais comme une épouvante religieuse.* Et plus clairement encore : *Oh ! que ne pouvais-je presser quelque chose dans mes bras, l'y étouffer sous ma chaleur, ou bien me dédoubler moi-même, aimer cet autre être, et nous fondre ensemble.* Ailleurs il projette son image sur le sexe opposé, semblant par avance donner raison à Sartre qui insiste sur les métamorphoses intimes de Flaubert en « femme ». *... j'aurais voulu être femme pour la beauté, pour pouvoir m'admirer moi-même, me mettre nue, laisser retomber ma chevelure sur mes talons et me mirer dans les ruisseaux* [62]. Le principe est le même. Éros, pour le jeune Flaubert, est une expérience essentiellement narcissiste. Mais ce narcissisme d'adolescent, ces rêveries onanistes d'incarnation simultanée dans un corps de femme, soulignent aussi – au-delà des exigences intimes – les thèmes fondamentaux de la solitude et de l'incommunicabilité.

Il est un autre dédoublement dans *Novembre* qui éclaire l'œuvre à venir : les deux visages de Marie, la prostituée idéalisée, lascive et vierge de cœur. Flaubert la décrit dans les poses les plus suggestives : ... *se tournant sur le ventre, relevant ses talons en l'air, elle était pleine de mignardises charmantes, de mouvements raffinés et ingénus*... Mais il en glorifie également la fondamentale innocence. La fille publique est restée pure et inassouvie : ... *je suis restée comme j'étais, à dix ans, vierge*[63]... Le paradoxe jette une lumière intime sur le sens de *l'Éducation sentimentale*, où le rêve insistant d'une innocence perdue se trouve associé aux thèmes de la défaite et de la dégradation, par l'intermédiaire d'une série complexe d'images de prostitution. Marie, la fille de joie, se profile ainsi comme l'ombre élusive de la femme trouvée, perdue, et désespérément recherchée. Elle incarne, en un seul corps, les deux rôles plus tard joués en contrepoint par Mme Arnoux et Rosanette Bron.

Mais si l'image de la prostitution est centrale, il en est une autre qui obsède le jeune Flaubert, car elle aussi implique le mystère de l'idéal et de la profanation : l'image de l'adultère. *Il y eut dès lors pour moi un mot qui sembla beau entre les mots humains : adultère; une douceur exquise plane vaguement sur lui, une magie singulière l'embaume ; toutes les histoires qu'on raconte, tous les livres qu'on lit, tous les gestes qu'on fait le disent et le commentent éternellement pour le cœur du jeune homme, il s'en abreuve à plaisir, il y trouve une poésie suprême, mêlée de malédiction et de volupté*[64]. Cette poésie de la volupté et de la fatale déchéance allait constituer l'un des sujets de la première *Éducation sentimentale*. L'autre sujet – mais les deux se tiennent – c'est la conquête ascétique de l'art et de la beauté.

L'artiste-héros impossible

La première *Éducation sentimentale* (1843-1845) de Flaubert et *la Fanfarlo* de Baudelaire appartiennent à un même moment de l'histoire littéraire. Les deux œuvres, si dissemblables par ailleurs, s'inscrivent dans une même tradition générale, et semblent répondre à un même besoin. Projections romanesques de la figure de l'artiste (déjà traitée de façon ambiguë par Balzac), elles révèlent, au début de deux carrières littéraires, une perspective ironique, en même temps qu'idéale sur le moi créateur. Ni Flaubert ni Baudelaire ne poursuivront cette voie. Le héros-artiste ne s'installe pas au centre de leur œuvre ; sa brève apparition ne fait que souligner la priorité de l'art par rapport à celui qui le crée.

Écrivant peu après 1840, il était difficile d'éluder les lieux communs balzaciens. Baudelaire se sauve par la parodie et par l'ironie qui chez lui mènent droit au culte de l'artifice. Le texte de Flaubert, plus pessimiste, et pour cette raison plus idéaliste aussi, aboutit à une doctrine esthétique, à un culte de l'art dont seront bannies les pirouettes de l'artiste. De fait, la composition de la première *Éducation sentimentale* correspond à une période décisive dans la formation de Flaubert. Au professeur Gourgaud-Dugazon, il venait d'écrire, au début de 1842 : *... ce qui revient chez moi à chaque minute, ce qui m'ôte la plume des mains si je prends des notes, ce qui me dérobe le livre si je lis, c'est mon vieil amour, c'est la même idée fixe :* écrire [65] !

Les lieux communs n'en sont pas moins en évidence dans ce premier roman de Flaubert. L'*odeur du théâtre* humée à pleine poitrine, le goût des actrices dont la voix fait bondir le cœur et dont la démarche irrite la sensibilité, le rêve d'une vie d'artiste *où l'amour et la poésie se confondent*, l'irrésistible attraction de la femme de trente ans aux *regards langoureux, andalous, maternels et lascifs*, le mythe parallèle de la femme cruelle et insensible qui *eût vu tout périr d'un œil sec*, la notion de *douleurs préparatoires* – ce sont là les éléments familiers des apprentissages balzaciens. Il n'est pas jusqu'à l'idée d'illusions perdues qu'on ne retrouve dans le texte du jeune Flaubert : *Jules s'enrichissait ainsi de toutes les illusions qu'il perdait* [66]. Seulement les verbes de cette phrase, s'opposant et se confirmant de façon paradoxale, donnent un sens tout flaubertien à cette perte. La défaite se transforme en victoire.

Le titre même du roman, qui se rattache à une tradition littéraire, s'affirme ainsi comme personnel et essentiellement ambivalent. L'expression « éducation sentimentale » s'éclaire d'une part de façon péjorative. Le nègre du bateau qui s'en retourne au pays des noirs après un séjour calamiteux en France où il n'a connu que déboires, galères, et amour trahi, illustre cette interprétation du titre. *Celui-là aussi*, conclut l'auteur, *avait fait son éducation sentimentale*. Une phrase d'une lettre à Louise Colet confirmera cette valorisation pessimiste. Se référant à une époque adolescente d'exhibitionnisme poétique : *J'ai eu, aussi, moi, mon époque nerveuse, mon époque sentimentale, et j'en porte encore, comme un galérien, la marque au cou*. Cette fois-ci, c'est le mot « sentimental » qui assume un sens négatif. L'image d'ordre pathologique suggère une blessure.

Dès la phrase suivante, cependant, il y a un renversement : la blessure confère une nouvelle force. *Avec ma main brûlée j'ai le droit maintenant d'écrire des phrases sur la nature du feu* [67]. Mais c'est une lettre à son ami Alfred Le Poittevin, écrite peu après que Flaubert eut terminé le roman, qui suggère le mieux le double sens du titre. *Je me suis sevré volontairement de tant de choses que je me sens riche au sein du dénûment le plus absolu. J'ai encore cependant quelques progrès à faire. Mon éducation sentimentale n'est pas achevée, mais j'y touche peut-être.* C'est bien entendu à son apprentissage personnel, non à celui de ses deux héros, qu'il se réfère : le passage n'en est que plus révélateur. La liberté flaubertienne n'est acquise que par le refus, le dépouillement, l'abnégation. Dénûment et richesse deviennent pour ainsi dire synonymes au terme d'une éducation qui discrédite l'idée de bonheur. Et Flaubert ajoute : *As-tu réfléchi quelquefois, cher et tendre vieux, combien cet horrible mot « bonheur » avait fait couler de larmes* [68] *?*

▲ Détail de *la Tentation de saint Antoine* par Brueghel (Galerie Barberini, Rome).

Voilà qui jette quelque lumière sur la double trajectoire des protagonistes : Henry, qui, par le succès et le bonheur facile, se perd ; Jules, qui, dans la souffrance, la solitude, et la lutte avec l'ange ou le démon de l'art, atteint à une sorte de salut. Voilà qui explique aussi la structure à deux héros, dont le premier, en apparence plus important, cède finalement la place au second. La conception binaire du roman a suscité de nombreuses gloses. En réalité, la notion du couple correspond à un dédoublement type chez les écrivains romantiques : Stello-Docteur Noir, Vautrin-Rastignac, Séchard-Lucien de Rubempré. Chez Flaubert en particulier cette structure est récurrente : après Jules et Henry viendront Frédéric et Deslauriers, Bouvard et Pécuchet.

Il est certain que ce dédoublement structural correspond à une double exigence artistique et personnelle. Selon Flaubert lui-même, Jules aurait été conçu comme repoussoir, encore que la fonction de repoussoir semble réciproque : *Ce caractère de Jules n'est lumineux qu'à cause du contraste d'Henry.* Mais tout de suite après, dans la même lettre, Flaubert se réfère aux *deux bonshommes distincts* qu'il porte en lui-même : le lyrique et l'observateur. L'Éducation sentimentale *a été, à mon insu, un effort de fusion entre ces deux tendances de mon esprit.* Une lettre de 1846 précise ce dédoublement intime qu'il est difficile de ne pas rapprocher de la structure et du sens de ce premier roman : *Celui qui vit maintenant et qui est moi ne fait que contempler l'autre qui est mort. J'ai eu deux existences bien distinctes ; des événements extérieurs ont été le symbole de la fin de la première et de la naissance de la seconde ; tout cela est mathématique* [69].

Dans le roman il y a également un mort, bien que, matériellement, il donne l'impression de se bien porter : Henry. Ce type de jeune homme balzacien, à l'esprit versatile, finit par s'affirmer comme le cliché négatif des vertus tragiques et philosophiques de son ami Jules. L'auteur dénonce le premier dans la mesure où il exalte le second. L'indignation est ici au service d'un idéal : rien de plus flaubertien que cette démarche. A preuve cette autre lettre à Louise Colet, où le mépris du faux artiste s'inscrit en regard de l'enthousiasme pour l'artiste véritable. *Une réflexion m'est venue hier à propos du Jugement dernier de Michel-Ange. Cette réflexion est celle-ci, c'est qu'il n'y a rien de plus vil sur la terre qu'un mauvais artiste, qu'un gredin qui côtoie toute sa vie le beau sans jamais y débarquer et y planter son drapeau.* Par un mouvement caractéristique, l'imagination prend son point de départ dans l'enthousiasme, et aboutit à une réaffirmation de la foi en l'art. Prostituer l'art paraît à Flaubert la plus ignoble des professions pour la raison précise que l'artiste lui semble *le maître homme des hommes* [70].

Le personnage de Jules, bien qu'à l'arrière-plan dans la première partie du roman, est donc tout à fait essentiel à la conception du livre : il représente directement et indirectement (par l'exemple négatif de Henry) le héros-artiste. Et cela d'entrée de jeu : *le style me coule dans le sang...*, écrit-il à son ami. Quand on songe à ce que signifie le mot « style » pour Flaubert, on saisit toute l'importance autobiographique et thématique de ce personnage. Mais ce qui complique l'interprétation, c'est que l'ambivalence est installée au cœur même de ce personnage secrètement favorisé dès le début. Flaubert semble prendre un plaisir malicieux à se moquer de son jeune auteur qui, dans son imagination, place des palmiers et des forêts vierges dans les environs de New York ! A la fin, Jules se guérira de ses illusions ; mais l'ironie flaubertienne continuera à maintenir une distance entre l'artiste et l'art. L'artiste doit céder la place à ce qu'il est censé servir. L'artiste-héros ne paraît que pour disparaître.

Cette présence transitoire sous forme du double visage de Jules et Henry, c'est le « portrait of the artist as a young man » de Flaubert, l'image du jeune écrivain tel qu'il se voit, et se voit évoluant, durant la crise décisive qui correspond à l'époque de sa maladie. Rien de surprenant si le livre offre, au premier chef, un autoportrait spirituel, une synthèse du tempérament et du goût de celui qui dira de lui-même : *Je suis un homme-plume. Je sens par elle, à cause d'elle, par rapport à elle et beaucoup plus avec elle* [71].

La première *Éducation* se présente en effet comme une sorte de « Flaubert par lui-même », un répertoire des attirances, répulsions et rêves du jeune Flaubert. Habitudes de travail (les épanchements du fameux gueuloir), besoin d'amitiés à distance, rêves d'adultères, nostalgie d'une antiquité violente, tout y est – jusqu'à ce « bovarysme » personnel qui consiste à projeter pour le lendemain l'impossible réalisation de *quelque chose d'inéprouvé et de meilleur*. De façon plus nuancée que dans ses toutes premières œuvres, Flaubert essaie de créer des synthèses et des tensions ironiques : l'adultère et le sacrilège *(... le sacrilège exhale son parfum d'enfer et excite au délire)* ; l'exotisme spatial et les souvenirs du monde

antique *(... ces immenses festins qui éclairaient les ténèbres...*
pendant que... les esclaves criaient dans les supplices) ; le rapport entre l'érotisme sadique et la nostalgie d'une transcendance : *... des désirs monstrueux envahissaient son âme, il eût*
voulu que des formes d'un autre monde arrivassent aussitôt pour
satisfaire ses appétits nouveaux... Cette libido pour ainsi dire
métaphysique s'accompagne cependant de passivité : Flaubert
se juge bien en velléitaire trouvant refuge dans l'isolement et la
misanthropie : *... il lui avait fallu d'abord se résigner à une*
solitude complète et vivre pour lui seul, en lui seul... A la même
époque, la maladie deviendra pour lui un précieux refuge. En
janvier 1845, il explique à Emmanuel Vasse que cette maladie
aura eu l'avantage de le laisser s'occuper comme il l'entend,
dans une chambre bien chauffée et avec ses livres. Et à son
ami Le Poittevin, quelques mois plus tard : *Le seul moyen de*
n'être pas malheureux c'est de t'enfermer dans l'Art et de compter
pour rien tout le reste... Pour moi, je suis vraiment assez bien
depuis que j'ai consenti à être toujours mal [72].

L'*égoïsme spirituel* dont il est question au chapitre 21 de
la première *Éducation* correspond à une série d'associations
typiquement flaubertiennes de rêve et de claustration, d'admiration et de dénigrement, de haine de la matière et de
visions panthéistes. Cette dialectique est admirablement résumée dans une phrase qui révèle le rapport du négatif au positif
chez Flaubert. *Il porta dans les arts l'habitude... de parodier*
ce qui lui plaisait davantage, de ravaler ce qu'il aimait le mieux,
abaissant toutes les grandeurs et dénigrant toutes les beautés,
pour voir si elles se relèveront ensuite dans leur grandeur et leur
beauté première... Ce mouvement tient de la méfiance devant
l'émotion trop personnelle, en même temps qu'il glorifie la
contemplation désintéressée du vrai artiste. C'est dans le même
sens qu'il faut interpréter le goût des formes étranges et du
grotesque : il s'agit d'une rupture qui participe à une vision
qui se veut synthétique. La haine de la matière est le corollaire
d'une pensée qui rêve d'être assez libre, c'est-à-dire assez
désengagée, pour pouvoir se contempler elle-même. Jules,
devant le concert de la nature, perçoit la représentation de
l'*intelligence infinie* ; il cherche à déchiffrer le sens du monde
moral en participant, par l'imagination, à toutes ses manifestations. Un pareil appétit du tout implique bien entendu des
contemplations solitaires et une essentielle passivité [73].

L'*égoïsme spirituel*, dans ce contexte, signifierait donc la
conjonction de dénûment, de passivité, et de vision quasi

mystique – et aboutirait logiquement à un dépassement du moi dont la souffrance est le garant. Nous revenons au sens des « illusions perdues » selon Flaubert. La perte ici confère une nouvelle royauté. Au départ, il y a une énorme propension à l'illusion : *... il était né avec de grandes dispositions pour chercher le parfum de l'oranger sous des pommiers, et à prendre des vessies pour des lanternes.* Mais, très bientôt, le renoncement permet de guérir, et de cultiver un idéal plus élevé – *comme un roi qui abdique le jour qu'on le couronne.* La comparaison est à retenir. La nouvelle royauté est évidemment celle de l'art. Elle exige une multiple souffrance : les *douleurs préparatoires* aussi bien que les affres à travers lesquelles le génie s'élève. En fait, la souffrance et l'activité de l'artiste sont explicitement rattachées à une prise de conscience panthéiste : *... il rapporte tout à lui, et lui-même tout entier il se concrétise dans sa vocation, dans sa mission, dans la fatalité de son génie et de son labeur, panthéisme immense, qui passe par lui et réapparaît dans l'art.* L'interrogation devant le secret est une expérience pénible elle aussi. La rencontre hallucinatoire avec le chien illustre les affres d'une vision dépersonnalisée de la réalité. Il est clair que ce roman d'un apprentissage traduit un mélange de fascination et de terreur, dont nous trouvons l'écho explicite dans une lettre écrite peu de temps après. *J'en suis arrivé, relativement à l'art, à ce qu'on éprouve relativement à l'amour quand on a passé déjà quelques années à méditer sur ces matières. Il m'épouvante* [74].

Une véritable doctrine esthétique, on l'a remarqué, se dégage de ce roman. L'épisode du chien, en particulier, se propose comme une sorte de lutte avec l'ange : cette expérience troublante, qui purge Jules de toutes ses niaiseries, correspond à une illumination. A partir de ce moment, l'art et la vie, tout en continuant à échanger leurs richesses, ne peuvent plus se confondre. Jules comprend qu'il y a une nécessité qui préside à l'œuvre artistique, tout comme il existe une Providence dans le déroulement de l'histoire. Cette nécessité, ce sont les *lois fatales* que l'artiste doit découvrir et aider à mettre en action. Structure et style vont donc assumer une valeur toute spéciale : nul hiatus ne saurait exister entre le fond et la forme. Si Jules entre *de tout son cœur dans cette grande étude du style* en même temps qu'il éprouve un souverain mépris pour toutes les poétiques du monde, c'est qu'il a compris qu'une poétique ne se justifie jamais que par rapport à une œuvre particulière. La critique n'est d'ailleurs discréditée qu'en tant qu'activité séparée. Critique et création s'affirment simultanément ; elles doivent collaborer. Voilà ce que Flaubert entend par la *haute impartialité critique* : elle épouse la forme, le style, l'*Idée*. Il pourrait dire, avec Baudelaire, que le beau est toujours l'effet d'un calcul difficile et effrayant. C'est dans ce sens qu'il faut comprendre le mot « style », qui revient si souvent sous la plume de Flaubert, et toujours lourd d'ambition et d'angoisse. *Le style, qui est une chose que je prends à cœur, m'agite les nerfs horriblement. Je me dépite, je me ronge. Il y a des jours où j'en suis malade et où, la nuit, j'en ai la fièvre. Plus je vais et plus je me trouve incapable de rendre l'Idée* [75]. Ces plaintes que nous connaissons déjà éclairent un des articles fondamentaux du dogme esthétique révélé à Jules.

L'effrayant corps à corps avec l'Idée : le commerce avec la Muse n'est pas un amusement. A l'occasion Flaubert s'exprime là-dessus en termes pittoresques. *La Muse est une Vierge qui a un pucelage de bronze, et il faut être un luron pour* [76]... L'épouvante de l'artiste devant la beauté inviolable – thème également baudelairien – est donc une autre découverte dans le dur apprentissage du jeune héros artiste. Mais la découverte essentielle, celle qui introduit un paradoxe fondamental au sein même du roman de l'artiste, c'est que l'inspiration ne doit relever que d'elle seule. L'artiste est donc engagé dans un drame dont il ne devrait pas faire le sujet de son art. Non seulement *il faut être à jeun pour chanter la bouteille, et nullement en colère pour peindre les fureurs d'Ajax*, mais savoir dominer sa nature, dépasser les contingences d'un moi trop impliqué dans l'acte de vivre. Jean Bruneau a fort bien remarqué que l'éducation sentimentale consiste à comprendre que créer une œuvre d'art « c'est le contraire de vivre [77] ». Il en découle, pour Flaubert, deux conséquences corollaires : la priorité de l'art et l'effacement de l'artiste.

La priorité de l'art sur la vie se solde en effet par une forme de mort. Ici le personnage d'Henry assume toute son importance *négative* : s'il disparaît du centre de la scène, c'est que son décès est dans la logique de la conception. Les raisons en sont d'ailleurs indiquées. Henry ramène tout aux passions mesquines, ignore tout du vrai enthousiasme. Mais ce qui est plus frappant : Jules lui-même s'évanouit. A la fin du livre, il cesse d'exister comme personnage ; il devient une attitude, une perspective sur la réalité de l'art. Dans cette disparition –

qui est une affirmation – réside le sens du roman. On peut en retracer les étapes. Elles concernent d'ailleurs directement l'évolution personnelle de Flaubert. Il n'est donc nullement surprenant d'en découvrir, pas à pas, les échos dans la *Correspondance*.

Au départ, il y a la confusion entre la fièvre de la passion et la fièvre de l'art. Très vite, cependant, Flaubert apprend à se méfier de ce qui ressemble à de l' « inspiration ». Dans un passage clé, Jules découvre que l'*histoire n'est belle que racontée*, que le passé relève de l'infini. Cette valorisation du posthume marque la rupture définitive entre la vie et la création artistique. Or la vie ne fournit que l'accidentel ; à l'artiste de transmuer l'accidentel en l'immuable. L'admiration devant l'art est, pour Flaubert, nécessairement liée au principe de mort.

Horoscope
De
Maistre Gustave Flaubert

Dressé pour le 12 Décembre 1821 à 4 Matin

La priorité de l'art est un des leitmotive de la *Correspon-dance*. Inlassablement, surtout à partir de sa vingtième année, Flaubert affirme qu'il ne faut voir en tout que des livres, que la beauté relative n'est pas à la mesure du Beau, que s'il est ému, c'est dans l'acte même d'écrire. Déjà, à l'âge de quatorze ans, il proclamait que l'Art est plus grand que les peuples. L'admiration pour la figure de l'artiste implique donc logiquement la négation de son importance en tant qu'individu vivant. Jules s'éprend d'*un immense amour pour ces quelques hommes au-dessus des plus grands, plus forts que les plus forts, chez lesquels l'infini s'est miré comme se mire le ciel dans la mer*. Dans le même ordre d'idées, Flaubert reproche à Louise Colet de n'avoir pas suffisamment la religion de l'Art : *Tu n'admires pas assez...* Mais cette admi-ration, cet éblouissement qui rend Jules incrédule *que l'homme fût si grand*, abolit du même coup l'homme-artiste. Sevré de l'existence, l'artiste se désincarne au contact de l'absolu. Le chemin parcouru par Jules correspond exactement à celui résumé dans une lettre d'août 1847 : *A mesure que je me détache des artistes, je m'enthousiasme davantage pour l'Art* [78].

Il n'est pas surprenant que Flaubert conçoive un domaine privilégié de la mort, ou plutôt un domaine spécial où le *moi* artistique, s'il existe, doit se voir comme déjà inexistant. Rien de plus révélateur que le charme pour ainsi dire magique que ressent Jules devant ceux qui sont nommés les *pères de l'Art*. L'expression correspond au désir de s'entourer d'une société d'élus, en dehors des contingences du temps et de l'espace. Flaubert lui-même exprime le vœu de s'abstraire à la vie. *Mêlé à la vie, on la voit mal...* Son idéal, nous l'avons noté, serait précisément une appartenance à une élite invisible : *... je suis résigné à vivre comme j'ai vécu, seul, avec une foule de grands hommes qui me tiennent lieu de cercle* [79]...

Ce n'est donc pas seulement Henry qui doit mourir, mais Jules, l'artiste véritable. Dans la perspective flaubertienne, l'artiste-héros se révèle impossible. Pour qui maintient comme credo que les grands maîtres de l'art mettent au rebut leur personnalité, le seul acte héroïque possible est une abdication, un sacrifice qui ne saurait même pas devenir un thème tragi-que. Voici toute l'histoire de Jules : *... ce que la vie lui offre, il le donne à l'art ; tout vient vers lui et tout en ressort, flux du monde, reflux de lui-même* [80]. Tout au plus, dans cette vision panthéiste, pourrait-on parler d'un héroïsme de l'ab-sence ? On comprend dès lors pourquoi, à une époque où le personnage de l'artiste s'affirme comme le grand héros moderne, l'écrivain peut-être le plus persuadé des vertus du créateur et le plus soumis au rêve de la religion de l'Art se soit refusé à le glorifier directement dans ses romans.

Car l'histoire de Jules reste unique dans l'œuvre de Flaubert, et ce fait explique sans doute en partie la décision de ne pas publier ce premier roman. Jamais Flaubert ne reprendra comme sujet cette forme d'apprentissage. A partir de la crise de 1844, et de l'acte d'exorcisme que représente la première *Éducation sentimentale*, le moi-artiste disparaîtra de son œuvre. Pudeur autobiographique ? *Le public ne doit rien savoir de nous*, explique-t-il. Et plus fortement encore : *L'artiste doit s'arranger de façon à faire croire à la postérité qu'il n'a pas vécu*. Se peut-il qu'une forme d'inspiration lui manque ? Installé loin de Paris, répudiant la vie d'homme de lettres, Flaubert rêve d'être un artiste *pour lui seul*. Or le thème du héros-artiste exige une tension entre le créateur et sa situation sociale et professionnelle. A cette tension, Flaubert l'homme s'est dérobé. Tout concourt donc au refus de traduire directement en œuvre d'art le drame de l'artiste. Refus que Flaubert érige en véritable principe esthétique. *Pourquoi prendre l'éternelle figure insipide du poète qui, plus elle sera ressemblante au type, plus elle se rapprochera d'une abstraction, c'est-à-dire de quelque chose d'anti-artistique* [81]... ?

Il n'en reste pas moins, dans un sens profond, que toute son œuvre s'affirme comme une exaltation de l'artiste. Le « bovarysme », cette soif de l'impossible, cette confrontation du rêve et de la réalité, n'est nullement le mal privé d'Emma. Ce thème sous-tend toute son œuvre, toute sa vision. Ou, plutôt, l'œuvre elle-même devient, pour Flaubert, le lieu d'une lutte, l'occasion d'un héroïsme particulier. Langage, perspective, construction, absence et présence occulte d'un narrateur, conscience d'un « dedans » et d'un « dehors » – tout exige une volonté à tout moment tendue, des nerfs crispés, une réaction contre le désespoir. Flaubert le savait d'ailleurs. Voilà pourquoi, avec un orgueil qui touche à l'insolence, il peut jeter à la tête de Maxime Du Camp, qui justement lui reproche de ne pas affronter le monde littéraire de Paris et de s'y conquérir une place, ces mots dont la résonance héroïque est tout à fait voulue : *Moi, je ne cherche pas le port, mais la haute mer* [82].

L'INSUFFISANCE DU RÊVE

« Un tour
de force inouï... »

Dans quelle mesure *Madame Bovary* est-elle une œuvre « personnelle », une confession larvée ? Le roman jouit d'une réputation qui laisse planer le doute. Admiré pour les prouesses de construction, les virtuosités techniques, l'impitoyable perspective clinique sur le mal romantique, ce livre est également considéré comme une sorte de *pensum* que Flaubert se serait infligé pour se guérir de son propre romantisme. Lui-même s'est tant de fois désolidarisé de son sujet ! Bovary... *aura été un tour de force inouï et dont moi seul jamais aurai conscience : sujet, personnage, effet, etc., tout est hors de moi...* Parfois il est plus explicite encore, comme s'il prenait à cœur de décourager une fois pour toutes les chercheurs de modèles et les amateurs d'autobiographie... Madame Bovary *n'a rien de vrai. C'est une histoire* totalement inventée ; *je n'y ai rien mis ni de mes sentiments ni de mon existence* [83]. Et pourtant, qui ne connaît la fameuse exclamation – elle aussi, sans doute, destinée à dérouter les indiscrets – *Madame Bovary, c'est moi !*

Pour Flaubert, il ne s'agit pas que de protéger une zone intime ; toute une doctrine esthétique est en cause. Il ne

« ... *quelque chose d'extrême, de vague et de lugubre* ».

cesse d'expliquer à Louise Colet qu'il faut éviter de construire la littérature avec ses émotions ; que moins on éprouve une chose, et plus on est apte à la décrire. Mais le moyen de ne pas être frappé par les ambiguïtés flaubertiennes lorsqu'il se prononce sur le rapport entre vérité et invention ? *Tout ce qu'on invente est vrai, sois-en sûre* [84]... Il est peu de phrases plus riches de sens dans toute la correspondance de Flaubert.

Le sujet est-il vraiment « hors de lui » ? Quel sens peut avoir cette désolidarisation ? Il proclame son abattement : *La* Bovary *ne va pas raide, en une semaine* deux pages*!!! il y a de quoi, quelquefois, se casser la gueule de découragement !* Mais ce sont là plutôt les cris d'exaspération de l'artisan qui s'acharne. Il est vrai que parfois c'est la matière même qui semble le déprimer : ... *franchement, il y a des moments où j'en ai presque envie de vomir* physiquement, *tant le fond est bas.* Mais il s'agit ici de l'ineptie du crasseux abbé Bournisien, non de sa *petite femme*, comme il appelle Emma Bovary avec une condescendante affection. Qu'il éprouve des sentiments de compassion pour l'héroïne issue de lui, cela ne laisse aucun doute : ... *ma pauvre* Bovary *sans doute souffre et pleure dans vingt villages de France à la fois, à cette heure même* [85].

Sainte-Beuve, l'un des premiers, avait été frappé de l'extraordinaire rigueur de ce livre [86]. Tout, en effet, s'y tient ; rien ne semble le fruit du hasard ; d'un bout à l'autre s'affirme la volonté de l'artiste. Et cependant, on a beau parler de prouesses techniques et structurales, l'engagement affectif de l'auteur n'en est pas moins réel. Et cela non seulement par les liens normaux qui se tissent dans le processus même de la création, mais par l'effet d'un lent travail préparatoire et souterrain. Si le roman est riche en résonances profondes et personnelles, c'est qu'il est aussi le résultat d'une genèse intime. Une chose est sûre : quoi qu'en ait pu dire Flaubert lui-même, *Madame Bovary* ne correspond pas à un choix arbitraire, ni ne s'explique par tel ou tel fait divers normand. En 1837, une quinzaine d'années avant la rédaction du roman, le jeune Gustave avait en effet écrit un « conte philosophique », *Passion et Vertu*, qui raconte l'adultère de Mazza, femme qui s'abandonne à la volupté avec une telle frénésie qu'elle finit par tuer son mari et ses enfants, et par s'empoisonner. Les thèmes soulignent la parenté des deux textes. Les lectures romantiques jouent, ici aussi, un rôle médiateur dans la séduction. Quant aux *désirs immenses* de Mazza, ils transcen-

« Le Goût nouveau. » Gravure de Devéria (Bibliothèque Nationale).

dent l'éventuelle satisfaction des sens. Un malaise métaphysique se laisse deviner derrière le goût de l'excès. Comme
dans *Madame Bovary*, les plaisirs de la chair mènent à la
déception de la chair : Mazza devient une obsédée de l'inas-
souvissement. Flaubert la compare à *ces affamés qui ne peuvent
se nourrir.* Son appétit de l'inaccessible et de l'absolu la
conduit à la déshumanisation *(Elle n'avait plus rien d'une
femme...),* à la folie, à l'absolu de la mort.

Mais il est un autre document, plus précieux encore, qui
éclaire les constantes thématiques et les résonances intimes
de *Madame Bovary* : c'est une lettre, écrite de Constantinople
à son ami Louis Bouilhet, dans laquelle Flaubert lui dévoile
trois projets littéraires. Ces trois projets n'ont à première
vue rien en commun : une nuit de Don Juan ; l'histoire
d'Anubis, femme qui veut être possédée par un Dieu ; une
histoire de jeune vierge flamande qui meurt dans une petite
ville de province après avoir attendu en vain l'amour. Mais
voilà que Flaubert lui-même s'inquiète d'une ressemblance
en profondeur, d'une multiplication obsessive du même sujet
fondamental. *Ce qui me turlupine, c'est la parenté d'idées entre
ces trois plans. Dans le premier, l'amour inassouvissable sous
les deux formes de l'amour terrestre et de l'amour mystique.
Dans le second, même histoire ; mais on se donne, et l'amour
terrestre est moins élevé en ce qu'il est plus précis. Dans le
troisième, ils sont réunis dans la même personne, et l'un mène
à l'autre ; seulement, mon héroïne crève d'exaltation religieuse
après avoir connu l'exaltation des sens* [87]. Pareil texte révèle
les liens qui unissent, dans un même réseau affectif, nombre
de sujets sans rapport apparent les uns avec les autres. Comment
croire dès lors au mythe de l'artisan impassible ?

Sainte-Beuve avait cependant raison : la technique est
admirable. Si Flaubert s'affirme comme le « novelist's novelist » (l'expression est de Henry James), c'est que nul romancier n'avait misé de façon aussi systématique que lui sur la
double immanence du langage romanesque et des structures
d'ensemble. Flaubert conçoit des totalités qui se suffisent,
mais qui s'intègrent dans une totalité plus large. D'où l'habitude de composer par « blocs » : *... les livres ne se font pas
comme les enfants, mais comme les pyramides, avec un dessin
prémédité, et en apportant des* grands blocs *l'un par-dessus
l'autre, à force de reins, de temps et de sueur* [88]... Mais d'où
aussi un rapport constant entre les structures plus larges et
le détail. Une double perspective, dramatique et narrative,

54

propose, à l'intérieur de chaque « bloc », un double rythme de concentration et d'expansion, et détermine la tension entre l'immédiateté de l'expérience et l'élasticité du temps. Flaubert a conçu son roman autour d'une série de scènes clefs : le bal à la Vaubyessard, la visite au curé, les comices agricoles, la scène de séduction près de l'étang, les rendez-vous de Rouen, la mort d'Emma... Mais, à côté de ces scènes qui constituent des temps forts (l'invitation à la Vaubyessard est *quelque chose d'extraordinaire*, la soirée fait *un trou dans sa vie*), Flaubert a admirablement suggéré le temps amorphe, le temps de l'habitude anesthésiante et de l'indifférenciation. D'un bout à l'autre du livre, il fait jouer les lenteurs de l'imparfait contre les secousses du prétérit.

Tout dépend du plan, explique-t-il à Louise Colet [89]. Dans son architecture en effet, aucun détail gratuit. Si Emma se suce les doigts qu'elle vient de se piquer, si elle mordillonne ses lèvres charnues et lèche à petits coups de langue le fond de son verre, c'est pour nous révéler sa sensualité latente ainsi que les images qui frappent l'imagination de Charles lors de leur première rencontre. Cependant le détail fonctionnel s'insère le plus souvent dans une thématique plus générale, au-delà de la situation immédiate. Charles, en cherchant sa cravache tombée par terre, sent sa poitrine effleurer le dos d'Emma sous lui. Pose et contacts ne sont pas seulement troublants dans le contexte de cette scène, mais établissent une ambiance permanente de provocation sexuelle. De même, l'attitude d'Emma, le front contre la fenêtre, correspond à l'inlassable attente de l'événement qui tarde à surgir.

Il suffit de jeter un coup d'œil sur les plans et scénarios du roman pour se rendre compte que la nature obsessive de l'érotisme dépasse les personnages. Flaubert se réfère à la sensualité de plus en plus morbide d'Emma en termes extrêmement crus. *Rodolphe embêté la traite en putain. la f...t à mort. elle ne l'en aime que mieux... – manière dont elle l'aimait profondément cochonne... le toise. ses défauts. elle l'aime comme un god...* Il est clair cependant que l'érotisme exacerbé s'étend à l'ensemble du roman, qu'il prend son point de départ dans l'imagination de l'auteur. Selon les scénarios de Flaubert, Charles devait – après la mort d'Emma – souffrir d'une jalousie rétrospective et pathologique déterminée par le mal même dont souffre l'héroïne : le désir par imitation, ... *découvertes du cocuage... amour extrême, [amour malsain – excité par celui des autres – d'actrice – envie de la baiser* [90].]

Il en est de même des tours de force que représentent les scènes particulièrement travaillées : la saignée de Justin, le dialogue entre Emma et l'abbé Bournisien, les comices agricoles, la promenade en fiacre, la mort d'Emma. Les ambitions techniques de l'artisan-virtuose ne sont que trop évidentes. Les comices par exemple paraissent en premier lieu comme l'occasion de construire une scène difficile et originale : une gageure. *Ce dont je suis sûr, c'est qu'elle sera neuve... Si jamais les effets d'une symphonie ont été reportés dans un livre, ce sera là.* Il faut que ça hurle par l'ensemble, *qu'on entende à la fois des beuglements de taureaux, des soupirs d'amour, et des phrases d'administrateurs* [91]... Mais, justement, la scène est bien autre chose qu'une démonstration de virtuosité. Le triptyque animé, par ses juxtapositions et contrastes comiques, par sa lourde insistance sur l'animalité, par le flot de paroles dévitalisées, souligne l'essentielle stupidité et vulgarité du monde d'Emma, en même temps qu'il propose une parodie de l'amour. Le sens intime du roman est en quelque sorte communiqué dans ce chapitre de futilité et de dégradation.

L'emploi thématique du décor et des personnages est un des traits saillants de l'art de Flaubert. Les objets eux aussi s'affirment, non de façon gratuite et envahissante comme on a pu le dire, ni comme de simples intrusions du sociologique, mais en tant qu'éléments significatifs. La casquette ovoïde de Charles est mieux qu'un appendice personnel absurde : son aspect hétéroclite, sa *laideur muette*, l'accumulation et le mélange de styles, symbolisent l'abdication de l'esprit humain devant le monde des phénomènes. L'objet devient signification – même si cette signification n'est autre que la prise de conscience de l'essentielle incongruité. Dans une des premières ébauches, Flaubert remarque que la casquette de l'étudiant était une *synthèse* de toutes les coiffures laides et inconfortables, que c'était là un de ces objets pitoyables où *la matière elle-même semble triste* [92]. Le glissement de l'objet à la matière suggère assez la valeur généralisante, presque métaphysique, du couvre-chef. Et la casquette de la première scène n'est pas un exemple isolé. La pièce montée servie au repas de noces (avec ses portiques, ses colonnades, ses bateaux en écales de noisettes, ses lacs de confiture, son Amour se balançant à une escarpolette de chocolat) ou encore l'appareil pour guérir le pied bot (avec ses huit livres de fer, de bois, de cuir, ses vis et écrous) offrent une épaisseur semblable.

L'ouverture du roman propose donc, moins une introduction au monde privé d'un personnage, et moins encore un système de renseignements sur un milieu donné, qu'un énoncé indirect et structuré de thèmes personnels. Le pathos de l'incommunicabilité (le professeur ne peut tout d'abord même pas comprendre le nom de l'élève), l'angoisse d'un resserrement symbolisé par les contraintes d'une routine, la solitude de l'individu devant la cruauté du groupe, une fondamentale insuffisance et la vocation de l'échec – voilà ce qui ressort dès les premiers paragraphes de *Madame Bovary*. Le début se déroule sous le triple signe de l'incompétence, de la torpeur et de la soumission : ce roman qui se termine avec les lamentables paroles de Charles – *C'est la faute de la fatalité !* – commence logiquement sur une note de passivité. Qu'est donc le vrai drame du livre sinon la victoire de l'existence sur la tragédie ? La vie continue, médiocre et indifférente.

La présence de l'auteur se manifeste dans la technique même du livre. On ne trouve ici ni les interventions enjouées et ambiguës de Stendhal, ni les commentaires digressifs de Balzac. Cependant la lutte constante avec les mots, les manipulations de la syntaxe, les déplacements et combinaisons de la perspective, impliquent un engagement affectif d'autant plus complexe qu'il se dissimule derrière le masque de l'impassibilité. Certes, il y a des intrusions directes. Léon est taxé de *lâcheté*, de bêtise. Rodolphe est accusé de ne pas comprendre *la plénitude de l'âme* d'Emma ; Homais est dénoncé pour la *scélératesse de sa vanité*. Il y a aussi les ironies qui jouent souvent le rôle d'un commentaire cruel : Homais faisant des recommandations à Rodolphe avant la scène de séduction *(Un malheur arrive si vite ! Prenez garde. Vos chevaux peut-être sont fougueux !)* ou – ironie plus amère encore – Charles remerciant sa femme de s'occuper de ses affaires à Rouen *(Comme tu es bonne !)*.

Mais c'est le langage lui-même qui s'affirme à la fois comme symptôme et comme instrument de critique. Ce double rôle est illustré par l'exploitation systématique du cliché. Les « opinions » des personnages sont aussi fondamentalement ineptes que les notations dans le *Dictionnaire des idées reçues* : c'est que Flaubert éprouve une satisfaction presque perverse toutes les fois qu'il peut écraser un personnage sous le poids de sa propre inanité. Plus encore que la terminologie, c'est le style qui devient instrument de caricature et de parodie.

Comédie du langage qui éclaire le sens même d'une œuvre dont le sujet est précisément la tragi-comédie des mensonges, de l'*ersatz*, de l'illusion. Et, derrière les techniques obliques d'intervention, l'on devine l'indignation permanente de l'auteur. A vrai dire, sa colère implicite (souvent artificiellement entretenue) semble bien une source d'inspiration. N'a-t-il pas confessé devant Edmond de Goncourt : *Non, c'est l'indignation seule qui me soutient !... Quand je ne serai plus indigné, je tomberai à plat* ? L'ironie flaubertienne joue ainsi aux dépens de ses protagonistes. Nous sommes loin ici du sourire tendre et protecteur de Stendhal. Cette ironie est tragique. Elle transforme le lecteur en complice de la destinée.

Les ambiguïtés des commentaires sont en rapport étroit avec les prestiges stylistiques de Flaubert. Les ressources syntaxiques exploitées à fond lui permettent, en effet, d'être « dehors » et « dedans » simultanément. Double perspective qui discrédite la fameuse théorie de l'impassibilité, et que rien n'illustre plus clairement que le style indirect libre – méthode qui permet de donner des résumés elliptiques de conversations aussi bien que des équivalents de monologues intérieurs. Équivalents, car il s'agit le plus souvent de formuler avec netteté ce qui, dans l'esprit du personnage, reste informulé ou formulé à demi. Le style indirect libre souligne par conséquent le hiatus séparant ce que le personnage sent de ce que l'auteur comprend. C'est bien ce hiatus qui marque le lieu de l'engagement personnel de l'auteur.

Cette duplicité stylistique préside à bien des comparaisons et métaphores. *L'avenir était un corridor tout noir, et qui avait au fond sa porte bien fermée.* Nous nous trouvons de toute évidence « à l'intérieur » du personnage : l'image communique la détresse d'Emma. Mais la métaphore existe également par rapport à une structure littéraire plus large : elle correspond au thème de la claustration que Flaubert développe d'un bout à l'autre du roman. Ces ambivalences du style indirect libre apparaissent peut-être le plus clairement dans le passage où Emma, devant les murs de son ancien couvent prend conscience de la désintégration de son existence :

N'importe ! Elle n'était pas heureuse, ne l'avait jamais été. D'où venait donc cette insuffisance de la vie, cette pourriture instantanée des choses où elle s'appuyait ?... Mais, s'il y avait quelque part un être fort et beau, une nature valeureuse, pleine à la fois d'exaltation et de raffinements, un cœur de poète sous une forme d'ange, lyre aux cordes d'airain, sonnant vers le ciel des épithalames élégiaques, pourquoi, par hasard, ne le trouve-rait-elle pas? Oh! quelle impossibilité! Rien, d'ailleurs, ne valait la peine d'une recherche; tout mentait! Chaque sourire cachait un bâillement d'ennui, chaque joie une malédiction, tout plaisir son dégoût, et les meilleurs baisers ne vous laissaient sur la lèvre qu'une irréalisable envie d'une volupté plus haute (III, 6).

Nul doute possible : le passage unit le discours intérieur du personnage et le point de vue de l'auteur. Mais ce point de vue reste lui aussi instable : rien ne serait plus difficile que d'établir une ligne de démarcation bien précise entre la cari-cature des rêves romantiques et la compassion du romancier. Et même la caricature des clichés romantiques reste ambi-valente. Le cliché est certes une fausse monnaie intellectuelle et stylistique, méritant donc le mépris et la dénonciation. Mais les clichés les plus ineptes servent aussi à communiquer l'« innocence » des personnages. Il y a des choses que les mots ne peuvent pas dire, et d'autres que les mots doivent voiler. Dans un des passages les plus curieux, Flaubert blâme Rodolphe de ne pas deviner l'authenticité des émotions d'Emma der-rière la banalité de ses paroles. *Il ne distinguait pas, cet homme si plein de pratique, la dissemblance des sentiments sous la parité des expressions.* Dans une double intervention (il juge son personnage tout en faisant l'apologie des *métaphores les plus vides*), Flaubert explique que personne ne peut jamais donner l'*exacte mesure* de ses besoins, de ses joies, de ses douleurs, la parole humaine étant *comme un chaudron fêlé où nous battons des mélodies à faire danser les ours, quand on voudrait attendrir les étoiles* (II, 12). Voilà sans doute pourquoi le lecteur de Flaubert a si souvent l'impression déroutante que le langage de la banalité se trouve à la fois ridiculisé et transmué en poésie.

Peut-être touchons-nous là à l'un des secrets du « lyrisme réaliste » (ou réalisme lyrique?) de Flaubert. Peut-être est-ce même là le dilemme fondamental du réalisme littéraire : la tension entre le style et ce qu'il prétend décrire? Loin de créer une harmonie entre langage et sujet – harmonie dans laquelle la notion même de style s'évanouirait – le réalisme implique nécessairement une stylisation qui sépare la réalité « non poétique » de l'effort poétique qui consiste à la transcen-der par la description. Valéry l'avait bien senti, qui dénonçait dans le réalisme artistique les tendances vers l'artifice. Ce serait là un point de rencontre supplémentaire entre le roman-cier des milieux bourgeois et celui du délire décadent tel qu'il se manifeste dans *la Tentation de saint Antoine* et *Salammbô*.

Ces tensions esthétiques en disent long sur le tempérament de Flaubert. Maupassant ne s'y était pas trompé ; il avait senti que la phrase de Flaubert a souvent « des élans, des sonorités, des tons au-dessus des sujets qu'elle exprime ». Impatiente d'être contenue, fatiguée de rendre des choses vulgaires, cette phrase se fait en effet « pompeuse ou éclatante, comme si elle traduisait des motifs de poème [93]... » Flaubert lui-même a reconnu que la difficulté, en même temps que la réussite particulière de son roman, provenait d'une sorte de gageure. Mais cette gageure marque plus qu'une contradiction inhérente à l'entreprise réaliste ; elle exprime une double exigence intime. *Toute la valeur de mon livre, s'il y en a une, sera d'avoir su marcher droit sur un cheveu, suspendu entre le double abîme du lyrisme et du vulgaire* [94]...

Rouen, vue de la côte Ste-Catherine. Corot (coll. Hartford).

La « présence » stylistique de Flaubert dans son roman est si constante qu'il ne serait pas excessif de dire que les prouesses du « descripteur » – comme l'appelait Barbey d'Aurevilly avec méchanceté – ne sont jamais qu'un moyen pour imposer une vision et des thèmes intensément personnels. Rien n'illustre mieux ce paradoxe de la description thématique que les paysages dans *Madame Bovary*. Voici la ville de Rouen telle qu'elle apparaît à Emma, en route pour ses rendez-vous du jeudi avec Léon :

Descendant tout en amphithéâtre et noyée dans le brouillard, elle s'élargissait au-delà des ponts, confusément. La pleine campagne remontait ensuite d'un mouvement monotone, jusqu'à toucher au loin la base indécise du ciel pâle. Ainsi vu d'en haut, le paysage tout entier avait l'air immobile comme une peinture ;

« ... *le paysage tout entier avait l'air immobile comme une peinture.* »

les navires à l'ancre se tassaient dans un coin ; le fleuve arrondissait sa courbe au pied des collines vertes, et les îles, de forme oblongue, semblaient sur l'eau de grands poissons noirs arrêtés. Les cheminées des usines poussaient d'immenses panaches bruns qui s'envolaient par le bout. On entendait le ronflement des fonderies avec le carillon clair des églises qui se dressaient dans la brume. Les arbres des boulevards, sans feuilles, faisaient des broussailles violettes au milieu des maisons, et les toits, tout reluisants de pluie, miroitaient inégalement, selon la hauteur des quartiers. Parfois un coup de vent emportait les nuages vers la côte Sainte-Catherine, comme des flots aériens qui se brisaient en silence contre une falaise (III, 5).

A première vue, le passage se présente bien comme une vue d'ensemble d'une réalité topographique : Rouen et ses environs immédiats tels que le voyageur pouvait effectivement les voir en arrivant. Tout y est : la rivière, les ponts, les collines, les îles, les usines, les navires, les toits. Ce n'est pas une photo, ni une gravure ; mais il s'agit d'un équivalent verbal.

Pourtant, il s'agit aussi d'autre chose : le panorama est vu et recréé à travers les yeux d'Emma. Elle voit ce qu'elle veut et ce qu'elle peut voir ; ses désirs déterminent les formes, le mouvement, la couleur. Rêves et anticipation transforment la ville de province en une Babylone remplie de promesses et de dangers. L'imagerie spatiale (campagne, ciel, panaches, nuages, navires) joue autour des notions d'élargissement, d'envol, mais aussi de brouillard et de confusion. Le mouvement n'est en fait pas réel et se fige en construction artistique. Comme toujours pour Emma, le point de départ ainsi que l'aboutissement est l'idée d'un *modèle*, d'une forme qui n'est pas la vie mais sa représentation : ... *Le paysage tout entier avait l'air immobile comme une peinture...* On peut même dire que la texture métaphorique du passage se réfère au thème dramatique central : le rapport entre l'illusion et l'échec. Les *flots aériens* des nuages se brisent en effet contre une falaise.

Mais cette vision par personne interposée ne fait que ressortir un troisième plan de ce même passage – le plus personnel, celui où s'opposent les images fondamentales de mouvement et d'immobilité. *Descendant* – le premier mot du paragraphe donne le ton : il s'agit d'une métaphore se référant à une réalité essentiellement statique, la ville. Il en est de même des autres verbes de mouvement *(s'élargissait... remontait... se dressaient...)* servant à décrire le panorama. Cette mobilité du paysage – le plus souvent d'un paysage monotone – est caractéristique de Flaubert. L'illusion optique projette la double notion d'un élan et d'une immobilisation irrémédiable que viennent ici renforcer les images de l'*ancre*, de la *peinture*, des arbres sans feuilles, ainsi que les mots clefs *se tassaient*, *arrêtés*, *se brisaient*.

L'évasion impossible, le rêve futile : c'est le drame d'Emma qui est en cause. Mais à travers ce drame, et au-delà, c'est la sensibilité de Flaubert qui se révèle dans les structures métaphoriques de son roman. Structures qui se confirmeront d'une œuvre à l'autre : staticité épique dans *Salammbô* ; boucle bouclée dans *l'Éducation sentimentale* ; cycles du doute, de l'élan, et de la rechute dans la prière automatique, dans *la Tentation de saint Antoine* ; retour au pupitre et à la routine anesthésiante de la copie dans *Bouvard et Pécuchet*. D'un côté, l'obsession de l'amorphe, du changeant, de tout ce qui se transmue ; de l'autre, la hantise du figé, et le rêve d'un salut par la forme.

Les structures de l'ennui

Poussée à l'extrême, l'ambition de Flaubert aurait été de se passer de sujet, de nier tout rapport de « mimesis » entre une réalité préexistante et la réalité littéraire. *Ce qui me semble beau, ce que je voudrais faire, c'est un livre sur rien, un livre sans attache extérieure, qui se tiendrait de lui-même par la force interne de son style...* Être le Dieu absolu de sa propre création! En fait, l'image qui suit suggère une législation cosmique : ... *comme la terre sans être soutenue se tient en l'air...* Hautaine déclaration d'indépendance de l'artiste : la phrase est plus altière encore que la célèbre formule de Balzac exprimant son désir de faire concurrence à l'état civil. Fort logiquement, Flaubert conclut que, s'il arrive à écrire un pareil livre, il aura établi cette vérité *que la poésie est purement subjective* [95]. Ce qu'il entend par là n'a rien à voir avec les effusions sentimentales et les épanchements d'un moi qui se proclame : il s'agit de la qualité intrinsèque, non référentielle de l'expression littéraire. Autrement dit, ce sont les structures poétiques et les images qui créent le sujet. Or ces images et ces structures parlent au premier chef de leur auteur.

On pourrait jeter la sonde au hasard : les mêmes démarches, les mêmes rythmes, les mêmes progressions et récurrences se vérifieraient. Une logique interne détermine jusqu'au

Keepsake oriental.
Dessin de Corbould
(Bibliothèque Nationale).

mouvement des passages les moins liés au déroulement de l'intrigue. Le chapitre consacré à l'éducation d'Emma au couvent (I, 6) – chapitre exceptionnel parce que rétrospectif – est cependant caractéristique. Les images de base imposent une atmosphère de fermeture et d'immobilité : l'ambiance conventuelle est tiède, protectrice, soporifique *(... elle s'assoupit doucement à la langueur mystique qui s'exhale des parfums de l'autel)* ; les lectures des romans se font en cachette. La vie quotidienne des jeunes filles se situe dans des lieux clos – l'étude, le dortoir, la chapelle. Bientôt, cependant, commencent à s'affirmer des images d'émancipation, de libération, d'évasion. Au départ, ces images sont visuelles et relativement précises : châtelaines (elles aussi enfermées) passant leurs jours, rêveusement, sous le trèfle des ogives, à attendre un cavalier à plume blanche ; madones, lagunes, gondoliers et anges aux ailes d'or ; gravures de keepsakes représentant des Anglaises à boucles blondes, contemplant la lune par la fenêtre entrouverte ou becquetant une tourterelle *à travers les barreaux d'une cage gothique* (encore le thème de la claustration!). Puis les images deviennent moins nettes, s'enchevêtrent, se confondent. Les *paysages blafards des contrées dithyrambiques* impliquent le site-décor d'un exotisme échevelé qui associe les sultans à longues pipes, les djiaours, les bayadères, les bonnets grecs et les sabres turcs. La confusion de ces images correspond finalement à un vertige d'indifférenciation, à un mouvement vers le chaos qui juxtapose de façon insensée les palmiers, les sapins, les minarets tartares, les ruines romaines, les chameaux accroupis, et les cygnes qui nagent près d'une forêt vierge. Le rêve d'évasion semble mener à la désintégration, au désir de mort (les cygnes se transforment en *cygnes mourants*), et Emma retombe enfin dans un ennui dont elle ne veut pas convenir, mais qui la laisse *apaisée* sans la satisfaire.

Ce chapitre, raccourci parabolique du roman entier, propose une progression typiquement flaubertienne : de l'ennui au rêve du néant, en passant par l'attente, l'évasion, la confusion, la torpeur funèbre. Ce mouvement cyclique des images marque une des grandes innovations de Flaubert : la priorité des structures thématiques par rapport à la narration. Ces cycles sont comme la métaphore de la démarche qui entraîne Emma vers l'autodestruction.

Pour commencer, il y a les manifestations thématiques de l'ennui. D'entrée de jeu, l'éternelle répétition des gestes est suggérée par la lettre hebdomadaire de Charles à sa mère. *Le soir de chaque jeudi....* La platitude de la routine prend d'abord une forme temporelle : *... la série des mêmes journées recommença* (I, 9). La sonnerie monotone et plaintive de la cloche ponctue le retour des heures et des jours qui se ressemblent. L'accumulation des imparfaits souligne l'action habituelle, automatique. Même les effets comiques qui, chez Flaubert, exploitent la redondance, soulignent l'imitation, la répétition, la ressemblance. Le jour des comices, le corps des pompiers et la garde nationale défilent interminablement. *On voyait alternativement passer et repasser les épaulettes rouges et les plastrons noirs. Cela ne finissait pas et toujours recommençait !* (II, 8).

Le désespoir temporel se traduit souvent, chez Flaubert, par des images liquides : suintement, écoulement, fonte, liquéfaction. Images d'érosion et de détérioration qui font ressortir la tristesse de la défaite par le temps : *... un jour chassant l'autre, un printemps sur un hiver et un automne par-dessus un été, ça a coulé brin à brin, miette à miette ; ça s'en est allé, c'est parti...* (I, 3). C'est le père Rouault qui parle de son deuil après la mort de sa femme : même la douleur finit par disparaître dans cette vaste dissolution des choses. L'écoulement devient le symbole même d'un désespoir chronique.

La rivière coulait toujours, et poussait lentement ses petits flots le long de la berge glissante (II, 7). Rivière et paysage deviennent tous deux les figurations spatiales de l'ennui : *... La plaine, montant doucement, va s'élargissant et étale à perte de vue ses blondes pièces de blé... On est ici sur les confins de la Normandie, de la Picardie, et de l'Ile-de-France, contrée bâtarde où le langage est sans accentuation, comme le paysage sans caractère* (II, I). D'un bout à l'autre du roman, Emma scrute l'horizon *(elle regarda au loin, tout au loin...)* ; mais rien ne vient soulager une mortelle monotonie.

Cette imagerie de la platitude marque le lien entre les thèmes flaubertiens de l'ennui et de l'évasion. *... il ouvrait sa fenêtre et s'accoudait. La rivière, qui fait de ce quartier de Rouen comme une ignoble petite Venise, coulait en bas...* (I, I). La fenêtre devient, en fait, dans *Madame Bovary*, le symbole de l'attente : ouverture sur l'espace qui suscite le rêve. Jean Rousset, dans un brillant essai, suggère que la fenêtre ouverte déclenche les velléités mystiques d'Emma [96]. Il est vrai que *la fenêtre entr'ouverte* fait partie de ses rêveries littéraires au couvent. Mais si la rêverie spatiale correspond tout d'abord au désir et à l'attente, elle s'affirme bientôt comme une fermeture sur l'espoir. De la mansarde où elle s'est traînée pour lire la lettre de Rodolphe, et où la tente l'idée de suicide, le paysage se révèle dans sa lamentable insignifiance. *En face, par-dessus les toits, la pleine campagne s'étalait à perte de vue* (II, 3).

Si l'attente n'apporte que l'amertume, alors peut-être le mouvement mènera-t-il vers un ailleurs splendide? Car le bonheur, par définition, ne se trouve pas ici ; il faut le chercher au-delà, dans *l'immense pays des félicités et des passions* (I, 9). C'est là le sens de l'exotisme flaubertien : extase de l'attente, expression d'une impatience sensuelle et spirituelle, le goût du voyage ne dérive pas d'une banale recherche de la couleur locale. Il s'agit d'une quête plus profonde, du désir de *mordre aux bonheurs les plus lointains*, précisément parce qu'ils ne sont pas accessibles. *Il lui semblait que certains lieux sur la terre devaient produire du bonheur, comme une plante particulière au sol et qui pousse mal tout autre part* (I, 7). Pessimisme qui va de pair avec un idéal littéralement utopique. Ce n'est pas par hasard que l'épisode initiatique à la Vaubyessard se termine par une visite dans la serre chaude où les plantes les plus bizarres s'étagent en pyramides. Rodolphe est séduisant dans la mesure où il apparaît à Emma comme *un voyageur qui a passé par des pays extraordinaires* (II, 8).

INTRODUCTION

AU VOYAGE DE L'ASIE MINEURE.

... qu'il s'étend à l'occident de l'Asie, entre l'Europe et l'Afrique, est connue, depuis le cinquième siècle de l'ère chrétienne, sous la dénomination d'Asie Mineure ; c'est la contrée que je vais décrire.

« ... mordre aux bonheurs les plus lointains... »
Voyage en Orient. Laborde, 1837 (Bibliothèque Nationale).

Cette érotisation du voyage aboutit à un paroxysme durant les projets de fuite avec Rodolphe : Emma se voit dans *quelque cité splendide avec des dômes,* elle s'imagine en gondole, ou se promenant dans des forêts de citronniers, ou entourée de femmes habillées en corset rouge, écoutant avec volupté le murmure de guitares et le ruissellement des fontaines – ... *il fera bon voyager...* (II, 12).

La frénésie de l'évasion finit par alarmer ses amants. C'est que l'éros exotique chez Flaubert assume une qualité sacrilège. Presque immanquablement la sexualité est associée à des images mystiques. La scène de mort est à cet égard une conclusion logique ; elle répond aux aspirations qui remontent à l'époque du couvent. Ce n'est pas par malice que Flaubert situe le rendez-vous avec Léon dans la cathédrale de Rouen : dans l'imagination d'Emma, l'église, dont les chapelles laissent échapper des *exhalaisons de soupirs,* se métamorphose en *boudoir gigantesque.* La tragédie d'Emma c'est de ne pouvoir échapper à l'immanence. *Tout et elle-même lui étaient insupportables* (III, 6). Les promenades ramènent toujours l'héroïne à la maison abhorrée : elle se sent rejetée en elle-même. L'élan lyrique vers l'inaccessible aboutit à une séquestration. Flaubert lui aussi connaît ces chutes et ces rechutes après les débauches de l'imagination.

Le roman raconte les désirs, les déceptions, la déchéance d'Emma. Mais il raconte aussi une histoire plus profonde, celle du bovarysme de l'auteur. Cette histoire plus intime se déchiffre non dans l'intrigue, mais dans les structures métaphoriques. Les cycles de l'ennui et de la monotonie spatiale, les images d'évasion (fenêtres, mouvement, *espaces immaculés*) impliquent, à travers tout le roman, une tension entre le souhait d'expansion et la peur des limites, de la restriction, de l'immobilité.

Ce contrepoint, ou plutôt ce conflit de base entre l'essor et la contraction, est résumé dans le commentaire de Léon concernant les plaisirs de la lecture : *On ne songe à rien... On se promène immobile...* (II, 2). Le paradoxe d'une démarche immobile est repris littéralement dans les excursions d'Emma qui la ramènent impitoyablement à son point de départ. Le site même de Yonville suggère une existence circonscrite. Tout le premier chapitre de la deuxième partie joue sur le contraste entre élargissement et fermeture. Et le cadre général s'harmonise avec la vie domestique d'Emma qui gémit *de ses rêves trop hauts, de sa maison trop étroite* (II, 5).

Angoisse du resserrement qui n'est pas sans rapport avec l'obsession de la ressemblance et de la confusion. Rien de plus commun chez Flaubert que l'expérience désintégrante de la similarité et de l'indifférenciation qui fait rejouer de façon permanente, et sur les plans les plus divers, le drame d'une volonté abdiquante. Les rêves d'évasion s'accompagnent ainsi, logiquement, d'une torpeur mortelle. De même, toute accumulation cause le glissement, la perte d'identité, l'absence de hiatus. Le petit cimetière de Yonville est symbolique – *si bien rempli de tombeaux, que les vieilles pierres à ras du sol font un dallage continu...* (II, 1). Nulle perspective ne semble possible : aucun relief, aucun point d'appui visuel ou moral. L'absence de perspective trouve son corrélat stylistique dans les juxtapositions verbales extrêmement serrées. Il n'y a pour ainsi dire pas de solution de continuité entre les discours officiels, le mugissement des bœufs et les boniments de Rodolphe. Même les villageois et les paysans dans cette scène des comices agricoles tendent à se confondre dans une inquiétante uniformité. *Tous ces gens-là se ressemblaient.*

Confondre, se mêler sont des mots chers à Flaubert. *Et peu à peu les physionomies se confondirent dans sa mémoire* (I, 8). La grande faiblesse (?) d'Emma c'est de ne savoir distinguer entre les valeurs – ou plutôt de voir des rapports là où la morale conventionnelle voit des distinctions. *Elle confondait, dans son désir, les sensualités du luxe avec les joies du cœur...* Mais cette confusion est loin d'être exaltante : désir et dissolution finissent par paraître synonymes. Au terme, il s'agit d'une rencontre caractéristique entre sexualité et néant. Les mots *mollesse, assoupissement, torpeur* sont d'autres termes clefs dans le lexique flaubertien. Toujours pendant la scène des comices : *Alors une mollesse la saisit...* Et quelques lignes plus loin : *... puis tout se confondit.* Confusion qui annonce et accompagne le principe de désintégration. Ses souvenirs du couvent sont typiquement flottants. *Elle aurait voulu, comme autrefois, être encore confondue dans la longue ligne des voiles blancs...* Ses velléités sensuelles mystiques tendront toujours vaguement vers un sacrifice absolu, seront déterminées par un rêve d'autodestruction. Voilà pourquoi le malentendu entre l'abbé Bournisien et Emma est profondément pathétique, le brave curé n'étant pas à la hauteur de cette soif de don total, d'abnégation : *... elle s'achemina vers l'église, disposée à n'importe quelle dévotion, pourvu qu'elle y courbât son âme et que l'existence entière disparût* (II, 6).

Une confession masquée

Le rapport entre l'auteur et son héroïne reste élusif. Or le sens de l'œuvre en dépend. On peut décréter qu'Emma est bête, égoïste, hystérique – cela rassurera la morale, mais ne résout pas le problème du roman. Étude clinique ? Selon Sainte-Beuve, ce fils de docteur maniait sa plume comme un scalpel [97]. Il est vrai que Flaubert semble faire l'anatomie d'une déchéance. La corruption morale d'Emma est comme un mal qui la ronge, prenant la forme d'une sensualité agressive, d'une volupté triomphante, d'une gourmandise sans pudeur. La « chute » d'Emma correspond à une lasciveté de plus en plus forcenée. Qui ne se rappelle sa façon de se déshabiller brutalement, *arrachant le lacet mince de son corset, qui sifflait autour de ses hanches comme une couleuvre qui glisse* ? Son amant finit par reculer devant la *hardiesse infernale* qui s'échappe de ses prunelles enflammées. Le goût de la débauche (ne se retrouve-t-elle pas, vers la fin du roman, à un bal masqué en compagnie de femmes *du dernier rang* ?) implique une course vers la mort. Sa façon de faire l'amour ressemble à une agonie : *... il y avait sur ce front couvert de gouttes froides, sur ces lèvres balbutiantes, dans ces prunelles égarées, dans l'étreinte de ces bras, quelque chose d'extrême, de vague et de lugubre...* L'aveugle, grotesque et horrifiant, est le commentaire caricatural de cette lubricité funèbre : *... la tête renversée, tout en roulant ses yeux verdâtres et tirant la langue, il se frottait l'estomac à deux mains, tandis qu'il poussait une sorte de hurlement sourd...* (III, 6, 7).

Mais ce désir de luxe et de luxure, cette ambition de transformer la vie quotidienne en gala correspondent aussi à un potentiel de lyrisme, à une ferveur que Flaubert lui-même aimerait cultiver. L'érotisme de certains passages est, au premier chef, d'ordre « poétique ». Les paysages d'abord, dans la mesure où ils font écho à l'émoi et à la langueur : *Des massifs d'ombre, çà et là, se bombaient dans l'obscurité et parfois, frissonnants tous d'un seul mouvement, ils se dressaient et se penchaient...* Scène d'amour sous la tonnelle du jardin qui reprend les motifs de la scène de séduction en forêt : *... quelque chose de doux semblait sortir des arbres ; elle sentait son cœur, dont les battements recommençaient, et le sang circuler dans sa chair comme un fleuve de lait* (II, 9, 10). On ne saurait s'y tromper : le panthéisme particulier de Flaubert – appétit de tout, en même temps que nostalgie de non-être – se fait jour à travers l'érotisme d'Emma. Sa mort offre un mélange typiquement flaubertien de soif d'expériences et d'apaisement

« ... une volupté triomphante... une gourmandise sans pudeur »
La Tour de Nesle (Bibliothèque Nationale).

dans un ineffable abandon : ... *elle allongea le cou comme quelqu'un qui a soif, et, collant ses lèvres sur le corps de l'Homme-
Dieu, elle y déposa de toute sa force expirante le plus grand
baiser d'amour qu'elle eût jamais donné.* Dès lors, comment
parler de perspective froidement clinique ?

Rien n'illustre mieux les ambiguïtés de l'auteur (fausse
distance, absence qui masque une présence, critique qui est un
cri du cœur) que le jugement double qu'émet Flaubert sur la
contrefaçon des images et des mots. Cette dénonciation est en
effet au centre de l'œuvre de Flaubert. Mais, loin de ridiculiser
Emma, la dupe des mots, il voit en elle une victime glorieuse,
sœur de tous ceux qui luttent le langage et l'insuffisance de
toute expression. Voilà ce que les Rodolphe ne comprendront
jamais, qui ne voient partout que proies et chasseurs. Pour Flaubert, la pauvreté du langage, c'est l'éternelle torture et rançon
de celui qui voudrait « dire ». Les métaphores les plus vides,
ironiquement, sont chargées d'exprimer la plénitude de l'âme.

D'une part les mots qui ne savent pas rendre compte, d'autre part les mots qui veulent transformer : c'est tout le drame de la réalité qui est en jeu. La plus grande souffrance d'Emma est d'entrevoir que ses rêves sont sans pouvoir sur l'ordre des choses. Comme Don Quichotte, elle voit le monde à travers des images auxquelles celui-ci refuse de se conformer. Les réveils sont pénibles ; elle aimerait se blottir dans une réconfortante atemporalité : ... *ne sachant plus si elle était là depuis un siècle ou une minute, elle s'assit dans un coin et ferma les yeux, se boucha les oreilles* (III, 7). Certes, cette fuite dans le fictif lui fait négliger sa maison, son enfant. Mais ici encore se manifeste l'ambiguïté. S'obstiner à croire à l'impossible est aussi signe de grandeur. Don Quichotte, de même, se révèle pathétique et grandiose à la fois. Prenant le contre-pied de la critique traditionnelle, Jean-Pierre Richard suggère que, dans *Madame Bovary*, Flaubert fait bien moins le procès de l'illusion romanesque que « le procès d'un romanesque incapable de soutenir jusqu'au bout ses illusions [98] ». Formule plus qu'heureuse, cette subversion interne des valeurs constituant sans aucun doute la richesse fondamentale du roman.

Les rêves détruisent. Les « réveils » d'Emma sont tragiques dans la mesure où ils représentent une lucidité devant sa destinée. Vers la fin du roman surtout, elle acquiert une véritable majesté dans la douleur. Justin, l'apprenti pharmacien, l'admire plus que jamais au moment où elle vient pour prendre l'arsenic. *Elle lui apparut extraordinairement belle, et majestueuse comme un fantôme...* Ayant avalé le poison, elle atteint une joie tragique, elle éprouve toute la douceur terrible de l' « amor fati » : ... *elle s'en retourna subitement apaisée et presque dans la sérénité d'un devoir accompli*. Le refus de vivre est comme l'ultime défi à une vie qui n'est pas à la hauteur du rêve.

Cependant cette vie hostile et inepte reste victorieuse. N'est-ce pas là le sens de la structure de ce roman qui, au début comme à la fin, déborde l'aventure d'Emma ? Entre la mort d'Emma et la dernière ligne du livre, il n'y a pas moins de trois chapitres. *Il vient de recevoir la croix d'honneur.* La perspective temporelle dans cette ultime et ironique constatation souligne l'éternelle présence des Homais. L'épilogue marque en effet le triomphe du pharmacien. Il s'affirme, se répand, domine : ... *on ne voyait que lui sur la place, depuis deux jours...* Son triomphe dépasse toutefois le cas individuel ;

c'est l'apothéose de la médiocrité, la glorification de l'humanité pédestre. Emma, elle, au moins rêve d'avoir des ailes!

Mais il y a pis. Au-delà de cette histoire de la médiocrité, c'est l'existence elle-même qui est en cause. La véritable tragédie pour Flaubert, c'est l'absence de tragédie : la vie n'est jamais au diapason de la souffrance qu'elle inflige. Aucune douleur ne se transforme en véritable deuil. En revenant de l'enterrement, le père d'Emma se remet tranquillement à fumer une pipe. On comprend dès lors ce qu'Emma Bovary représente pour l'auteur. Elle seule se refuse à accepter cette médiocrité, elle seule n'est pas mesquine (et littéralement « se dépense »), elle seule connaît un appétit d'absolu, et même une nostalgie de spiritualité qui l'apparente à la vierge mystique de ses projets.

Confession masquée? Sans doute. Mais faut-il l'entendre comme Sartre, qui verrait volontiers en Flaubert un pauvre homme déguisé en femme? C'est plutôt Baudelaire qui aurait raison, pour qui Emma incarne les vertus viriles du dandysme et de l'imagination [99]. Emma s'élève ainsi au-delà de l' « animal pur », elle devient une aristocrate du rêve. Pareille thèse est étayée par les nombreux passages où Emma affirme sa masculinité : ... *elle se fit une raie sur le côté de la tête et roula ses cheveux en dessus, comme un homme* (II, 7). Il n'est pas jusqu'au renversement de rôles (Léon devient pour ainsi dire la maîtresse d'Emma!) qui ne suggère une symbiose entre l'auteur et son personnage.

Qu'il s'agisse en définitive d'une transformation du mâle en femelle (théorie de Sartre) ou de l'infusion de l'esprit viril dans les veines d'Emma (notion stoïque de Baudelaire) – le résultat est une confession personnelle. Autobiographie transposée : ce romancier qui refuse de s'écrire et de se chanter ne saura jamais s'empêcher d'incarner ses hantises et ses tentations. Saint Antoine sera son compagnon fictif pendant de longues années. Mais d'autres figures porteront le poids de ses angoisses et de ses désirs – et au premier chef la patricienne carthaginoise qui rêvait d'être possédée par un dieu.

LES « PRURITS D'ÉPOPÉE »

« A moi, puissances
de l'émotion plastique ! »

C'est dans le monde artificiel et barbare de *Salammbô*, avec ses notes rauques et ses couleurs somptueuses, que Huysmans reconnaissait l'art le plus saisissant de Flaubert. Dans cette œuvre, que d'aucuns voient comme un extravagant effort d'archéologie romanesque, il est aisé de reconnaître aussi la voix intime de l'auteur.

Salammbô – roman personnel. Pareille interprétation peut sembler, à première vue, paradoxale. Et cependant ce roman ne correspond-il pas, à sa façon, au voyage en Orient ? Même besoin de changer de panorama, même refus d'un monde trop connu : ... *j'éprouve le besoin de sortir du monde moderne où ma plume s'est trop trempée et qui d'ailleurs me fatigue autant à reproduire qu'il me dégoûte à voir.* Seulement ici le dépaysement est un geste littéraire. *Je sors d'Yonville, j'en ai assez ! Je demande d'autres guitares maintenant. Chaussons le cothurne et entamons les grandes gueulades.* Les grandes gueulades : c'est tout le lyrisme exotique auquel il peut se livrer dans cette évocation d'un monde disparu. Mais c'est aussi son goût de l'érudition, et plus particulièrement son culte du frisson historique, qu'il y peut satisfaire. Aux

« *... entamons les grandes gueulades* ».

Goncourt il explique, alors qu'il écrit la bataille du Macar : *J'aime l'histoire, follement. Les morts m'agréent plus que les vivants ! D'où vient cette séduction du passé ?* Car l'histoire n'intéresse Flaubert que dans la mesure où elle implique une absence, un dépaysement, ou mieux encore une fermeture sur elle-même. Poésie hermétique de l'histoire qui ne laisse pas de l'inquiéter : *... il y a des fois où ce sujet de Carthage m'effraie tellement (par son vuide) que je suis sur le point de renoncer* [100]. Ce vide, auquel il donne une orthographe archaïque, se réfère à la difficulté de la documentation, mais aussi au silence d'un monde défunt.

La mort préside ainsi à l'œuvre, et bien au-delà de l'intrigue. L'Afrique de Flaubert assume la valeur d'une métaphore : vaste théâtre des mystères fondamentaux de la vie, où Eros tend vers l'infini et à la destruction, où la fécondité permanente s'apparente au néant. La naissance des religions y annonce le crépuscule des dieux. Tout, dans cet Orient privé, est exaltant et futile à la fois. Tout y aboutit à un bâillement vorace. On croirait entendre Baudelaire. *Un immense ennui dévore tout*, écrit-il à Louise Colet bien des années avant de concevoir son roman carthaginois. *Quand je ferai de la poésie orientale (car moi aussi j'en ferai...), c'est là ce que je tâcherai de mettre en relief* [101].

Roman personnel par la violence aussi. Sainte-Beuve aurait pu se priver de signaler cet aspect de l'œuvre, susceptible d'attirer à Flaubert de nouveaux ennuis avec la justice impériale. Il n'en a pas moins raison ; il y a en fait plus qu'une « pointe d'imagination sadique » dans *Salammbô*. Flaubert, qui avait protesté contre les compromettantes observations du critique, ne dissimule pas par ailleurs – mais en privé – la satisfaction que lui procurent les cruautés et les horreurs évoquées dans son roman. A Ernest Feydau il annonce : *J'arrive aux tons un peu foncés. On commence à marcher dans les tripes et à brûler les moutards. Baudelaire sera content ! et l'ombre de Pétrus Borel, blanche et innocente comme la face de Pierrot, en sera peut-être jalouse.* Sur un ton plus facétieux, voici l'invitation au dîner qu'il offre aux Goncourt pour leur lire des pages de son roman : *A 7 heures, dîner oriental. On vous y servira de la chair humaine, des cervelles de bourgeois et des clitoris de tigresse sautés au beurre de rhinocéros.* L'expression *truculente facétie* est celle que lui-même applique au roman. Désir de choquer ? Il y a de cela. *Soyons féroces... Versons de l'eau-de-vie sur ce siècle d'eau sucrée. Noyons le bourgeois dans un grog à XI mille degrés et que la gueule lui en brûle, qu'il en rugisse de douleur*. Mais, clairement, *Salammbô* ne suffit pas à exorciser le démon de la violence. En 1862, corrigeant les épreuves, Flaubert rêve encore d'écrire des *livres noirs et terribles* [102]. C'est qu'il s'agit d'autre chose que de provoquer le public. La cruauté du roman répond à une nécessité profonde.

Salammbô se lit un peu comme une anthologie d'atrocités. La mutilation est pour ainsi dire l'image clef. Les féroces éléphants guerriers de Carthage, avec de longues entrailles qui pendent de leurs crocs d'ivoire, symbolisent la brutalité qui règne, au même titre que les lions qui bâillent après s'être repus de chair humaine représentent l'engourdissement de la conscience. Il n'est pas jusqu'au vampirisme et au cannibalisme qui ne trouvent leur place. Quant à la cruauté lascive qui sous-tend l'œuvre, elle se manifeste dans toute sa véhémence à la fin du roman lorsque le corps de Mâtho est écorché vif par une population hystérique. Les femmes surtout se livrent à leur *lascivité mystique... Elles brûlaient de contempler celui qui avait fait mourir leurs enfants et leurs époux ; et du fond de leur âme, malgré elles, surgissait une infâme curiosité, – le désir de le connaître complètement...*

« *Soyons féroces...* ». Étude pour *Sardanapale*. Delacroix (Louvre).

Les scènes de massacres et de tortures sont particulièrement développées. Mais les lanières qui sifflent, le sang qui gicle, les cris qui traversent l'air, l'odeur de chair qui brûle ou qui pourrit – tout cela ne suffit pas à remplir le vide. La pose des fauves pendant que se déroulent ces atrocités est caractéristique : *les lions, se rappelant peut-être le festin, s'allongeaient en bâillant contre le bord des fosses* (VII). L'ennui et l'apathie ne sont jamais très éloignés de l'excès d'horreur. Les barbares encerclés dans le défilé de la Hache, mourant de faim, finissent par refuser de se nourrir de la chair de leurs compagnons morts. *Un dégoût immense les accabla. Ils n'en voulaient plus, ils aimaient mieux mourir* (XIV).

Dans ce chapitre décrivant l'agonie de toute une armée, Flaubert pouvait donner libre cours à son goût du pathologique. *Je lis maintenant de la physiologie, des observations médicales sur des gens qui crèvent de faim...* Car aux images de destruction et à l'attraction du néant correspond l'obsession de la maladie. *C'est une chose étrange, comme je suis attiré par les études médicales... J'ai envie de dissecter.* Cette attraction, déjà manifeste du temps de *Madame Bovary*, aboutit aux descriptions de lèpres, d'ulcères, de chair en décomposition. Le suffète Hanon incarne, si l'on peut dire, ce thème de la pourriture. *Son mal, en rongeant ses lèvres et ses narines, avait creusé dans sa face un large trou ; à dix pas, on lui voyait le fond de sa gorge...* (XII). Et encore : *Ils arrachèrent ce qui lui restait de vêtements – et l'horreur de sa personne apparut. Des ulcères couvraient cette masse sans nom ; la graisse de ses jambes lui cachait les ongles des pieds ; il pendait à ses doigts comme des lambeaux verdâtres...* (XIV). Flaubert continuera toute sa vie à s'intéresser – avec révulsion souvent – aux détails médicaux. En composant *l'Éducation sentimentale*, il se documentera : *... j'ai passé une semaine entière à me trimbaler à l'hôpital Sainte-Eugénie, pour étudier des moutards atteints de croup.* Se peut-il que cet intérêt porté au pathologique représente un effort pour exorciser des obsessions, pour se libérer de l'emprise du divin marquis ? *J'éventre des hommes avec prodigalité. Je verse du sang. Je fais du style cannibale* [103]. Ce ton a quelque chose de compulsif, comme si tout ce carnage devait plus qu'évoquer l'horreur : dépasser l'animalité.

Une chose est sûre : il ne saurait être question d'un simple effort de reconstruction archéologique, dont les uns lui ont reproché les insuffisances, les autres les minuties. Même les critères normalement appliqués à la création romanesque (progression dramatique, développement psychologique des personnages) tombent ici à faux. Il s'agirait plutôt d'un poème exploitant à fond une construction métaphorique intime. Le temple de Tanit, constellé de pierres précieuses, où pénètre Mâtho, c'est bien le monde onirique privé de Flaubert. Les bêtes qu'il y découvre sont à la fois monstrueuses et artificielles. Se présentant dans un *désordre mystérieux* qui l'épouvante, ce sont en fait des représentations sur les murs de la salle. D'une part les tentations du monstrueux qui correspondent à l'angoisse de son saint Antoine : *Un effort terrible distendait leurs membres incomplets ou multipliés.* D'autre part, et à travers l'appréhension du polymorphe, une inversion spécifique grâce à laquelle l'art impose des formes à ce qui, dans la nature, n'est que confusion, hypertrophie, et éclatement : ... *toutes les formes se trouvaient là, comme si le réceptacle des germes, crevant dans une éclosion soudaine, se fût vidé sur les murs de la salle* (v).

Dès la première scène du roman, orgiaque et toute baignée d'une lumière irréelle, s'affirme une thématique familière, alliant la cupidité des estomacs et la férocité bestiale à une sexualité latente mais dévoratrice, à une prolifération vertigineuse des phénomènes (multiplicité des mœurs et des mets), pour aboutir à la tentation du sacrilège. Toujours le rêve de l'impossible! Les mercenaires tuent les poissons sacrés de la famille Barca : c'est que le *vertige de destruction* est un aveu d'impuissance : ... *ils promenaient à l'entour leurs gros yeux ivres, pour dévorer par la vue ce qu'ils ne pouvaient prendre.* Et comme pour souligner les rapports extrêmement serrés de son réseau d'images, Flaubert remarque que les soldats se *rassasiaient appuyés sur les coudes, dans la pose pacifique des lions lorsqu'ils dépècent leur proie...*, qu'ils *imitaient le cri des bêtes féroces...* Curieux mélange de brutalité et de désincarnation, d'action violente et de pose hiératique! Le relatif et l'absolu, d'entrée de jeu, s'opposent : dialectique qui ne tolérera nulle solution. D'où l'impression, pour ainsi dire simultanée, à travers tout le roman, que nous assistons à de grands mouvements, à d'immenses déplacements, et que pourtant rien ne se passe. Flaubert, de toute évidence, connaît ces rêves où l'on veut courir, mais où l'on est contraint à demeurer sur place.

Ce n'est certes pas l'action qui fait défaut dans *Salammbô*. Baudelaire avait été sensible aux « grandeurs épiques » du roman, et Théophile Gautier prétendait qu'il fallait lire cette œuvre non comme roman mais comme « poème épique ». Flaubert lui-même, ayant terminé *Madame Bovary*, parle de ses *prurits d'épopée* – expression synonyme sans doute de son besoin de *grandes histoires* et de *grandes gueulades* [104]. L'épopée, en tant que genre, l'avait depuis toujours attiré. Lire *l'Iliade* dans l'original fut l'ambition de sa vie. Bien des aspects traditionnels de l'épopée se manifestent dans *Salammbô* : dénombrements et déplacements massifs d'armées ou de nations entières, exploits militaires, amitiés viriles, actions individuelles s'insérant dans une action collective, manœuvres et stratagèmes. Tout geste devient monumental.

Or le monument évoque une action, s'y réfère ; mais il ne bouge pas. C'est ici que le style de Flaubert et sa syntaxe assument toute leur valeur. L'emploi massif de conjonctions *(tandis que, pendant que)* et d'articulations adverbiales *(puis, alors)* crée une impression d'accumulation et d'élargissement. L'action semble avancer, et cependant fait partie intégrante d'un même tableau. De tous les procédés « épiques » dans *Salammbô*, les plus révélateurs de l'art de Flaubert sont précisément ceux qui mêlent action et description, qui transmuent l'événement en image. Ce mélange de mouvement et d'immobilité est admirablement servi par l'emploi assez insolite de l'imparfait pour décrire une action spécifique : *... Hamilcar tira deux larges coutelas ; et à demi courbé, le pied gauche en avant, les yeux flamboyants, les dents serrées, il les défiait, immobile sous le candélabre d'or.* Le geste, contrairement aux habitudes de la syntaxe, nous est donné non par le prétérit, mais par un imparfait de description. Transposition grammaticale dont l'effet pittoresque immobilise le mouvement, le fige en pose statuesque.

Même l'imparfait habituel assume, chez Flaubert, une valeur fixative. Toute réalité semble emprisonnée dans un éternel présent. *C'était à Mégara, faubourg de Carthage, dans les jardins d'Hamilcar.* Cette première phrase du livre, savamment équilibrée, impose son poids et semble, par avance, boucher toute sortie. Les fosses pour les bêtes féroces, l'ergastule pour esclaves dont provient un chant plaintif ainsi qu'un bruit de ferrailles, contribuent à ce climat d'encerclement. La ville elle-même est pareille aux *flots gigantesques d'un océan noir pétrifié* ; quant à la mer réelle, elle aussi semble *figée*. La nature entière, à l'instar des poissons sacrés portant des pierreries à la gueule, se dénature. *Salammbô*, c'est le règne du lapidaire.

Et, tout d'abord, le règne de la statue et de la colonne. Les troncs d'arbres se transforment en *colonnes sanglantes*. Les Barbares, qui se sont barbouillés de vermillon, semblent des *statues de corail* ; les Grecs glabres sont *plus blancs que des marbres* ; les Anciens, sur la plate-forme des tours, se tiennent immobiles *comme les pierres* ; les prêtresses de Tanit restent accoudées, le menton dans la main, *plus immobiles que des sphinx* ; le visage de Hannon est si blême qu'il semble saupoudré avec de la *rapure de marbre*. Il résume le principe même de l'inertie. *On aurait dit quelque grosse idole ébauchée dans un bloc de pierre.* Tout dans ces deux premiers chapitres suggère l'univers du sculpteur, de l'architecte, de l'orfèvre.

▲ Stèle punique gravée à l'emblème de Tanit (Bibliothèque municipale, Rouen).

Affaire de vision personnelle, sans doute. Pendant son voyage en Orient, Flaubert avait été frappé par la qualité plastique du paysage : la forme des montagnes lui semblait sculptée ; partout dans la nature il découvrait des lignes architecturales. Dans *Salammbô*, c'est la nature qui finit par ressembler à une œuvre d'art. Les myrtes sont *immobiles comme des feuillages de bronze*. L'obsession architecturale est particulièrement marquée. C'est une véritable chorégraphie de formes géométriques que Flaubert propose : cylindres, cônes, cubes, sphères, quadrangles – tout cela affirme un ordre délirant. Non seulement le temple de Moloch est une *masse d'architecture* : la ville entière s'offre au regard comme une *montagne de blocs*. Plus insistante encore est l'optique de l'orfèvre : véritable étalage de musée. *Je me vautre comme un cochon sur les pierreries...*, explique Flaubert à son ami Jules Duplan [105]. En effet, dès les premières pages, le miroitement des bijoux lumineux répond au fracas des vases qui se brisent et au *claquement des mâchoires*. Les images de préciosité et de destruction viennent se rejoindre. Règne du minéral et de l'artifice qui s'affirme aussi bien dans l'ambiance onirique que dans les lieux « sacrés ». Le plafond du temple de Tanit est constellé d'améthystes et de topazes ; la marche du bassin est d'onyx ; les dalles sont incrustées d'or et de nacre. Même les demeures privées sont lourdement ornementées. Les salles souterraines du palais d'Hamilcar scintillent sous les feux croisés des escarboucles, des diamants, des rubis. Ici encore, la bijouterie et la mort sont associées. *Les feux des pierres et les flammes de la lampe se miraient dans les grands boucliers d'or* (VII).

Toute cette orfèvrerie, à la fois puriste et funèbre, relève d'une esthétique parnassienne. *Salammbô* a été conçu sous le signe de l'émotion « plastique ». Dans ses *Notes de voyages*, à la fin de ses observations sur Carthage, Flaubert se livre à une véritable invocation : *A moi, puissances de l'émotion plastique! résurrection du passé, à moi, à moi* [106] *!* Le choix même d'un sujet carthaginois est un symptôme parnassien : le désir de ressusciter un passé aboli, sans rapport possible avec l'Europe moderne, n'est qu'une autre façon de se complaire dans un hermétisme stérile. Les images de mort, dans le roman, ne sont pas gratuites. La brutalité et l'insensibilité peuvent cohabiter dans ce monde soustrait à tout problème d'actualité. La pose du prêtre eunuque est typique. *Schahabarim, debout, restait plus insensible que les pierres* *de la terrasse* (III). Georg Lukács a sans doute raison de penser que *Salammbô* illustre le déclin du roman historique : monumentalité déshumanisante, importance excessive accordée aux objets et au pittoresque, vacuité du contexte social et historique. Dans son entreprise carthaginoise, Flaubert lui-même diagnostique l'élément de fuite. *C'est là une Thébaïde, où le dégoût de la vie moderne m'a poussé.* Sur le monde moderne, sur l'humanité en général, il s'était exprimé de façon plus brutale encore, à Louise Colet notamment, insistant sur son insensibilité devant les calamités publiques. *Je suis peu sensible à ces infortunes collectives. Personne ne plaint mes misères, que celles des autres s'arrangent ! Je rends à l'humanité ce qu'elle me donne,* indifférence. *Va te faire foutre, troupeau* [107]*... !* Dans *Salammbô,* il pouvait s'adonner aux évocations d'atrocités collectives, tout en s'offrant plus que jamais le luxe de ne pas compatir. Mais cette distance-là signifie-t-elle absence de l'auteur ? A travers le hiératisme de son œuvre, Flaubert se révèle et parle encore de lui.

Car plus importante que telle ou telle vue sociale et politique est la perspective métaphorique et métaphysique. C'est la nature et le naturel qui sont ici pétrifiés. Les formes de la vie s'invertissent, en éclatant ou en s'estompant, pour devenir la vie des formes. Si les objets ont une vie propre, la vie, elle, devient inerte et immuable. Animalisme et plasticité se confondent : véritable momification imaginaire. Ce principe de mort s'affirme dans la chanson de Salammbô qui décrit la tête coupée de Masisabal, attachée à la proue du navire, que l'action de l'eau et du soleil embaume et fait *plus dure que de l'or.* On dirait que Flaubert est à la recherche d'une impossible synthèse de l'Être et du Devenir.

A l'immobilisation de la vie correspond en effet la tendance inverse : l'animation de ce qui est inanimé. C'est ainsi que des verbes d'action servent à décrire. Les figuiers dans les jardins d'Hamilcar entourent les cuisines, les vignes montent dans le branchage des pins, le champ de roses s'épanouit, les lis se balancent. La ville semble bouger : *... les hautes maisons inclinées sur les pentes du terrain se haussaient, se tassaient telles qu'un troupeau de chèvres noires qui descend des montagnes.* Parfois même, des objets se mettent en branle de façon inquiétante : les boules de verre aux lueurs rougeâtres se métamorphosent en *énormes prunelles qui palpiteraient encore* (I). Toute distinction entre l'organique et l'inorganique tend à disparaître.

Lions et Lionnes. Delacroix (Musée Bonnat, Bayonne).

Mais ce faux mouvement ne fait que contribuer à l'impression d'oppressive immobilité. La guerre, les mouvements de troupes, l'accumulation de batailles suggèrent l'agitation, mais aussi la futilité. Rien de plus désolant que l'encerclement mortel dans le chapitre « le Défilé de la hache », et la pose statique des lions après la frénésie : *... ils dormaient roulés en boule, et tous avaient l'air repus, las, ennuyés. Ils étaient immobiles comme la montagne et comme les morts.*

Cette forme d'ennui, ce bâillement funèbre rappellent le « monstre délicat » de Baudelaire. Sur ce point Flaubert reconnaissait d'ailleurs des affinités. Dans une lettre à Baudelaire, il observe avec admiration : *Ah! vous comprenez l'embêtement de l'existence, vous* [108] *!* Pour Flaubert, peut-être encore plus que pour Baudelaire, l'ennui et la violence marquent les points de rencontre métaphysiques entre le relatif et l'absolu. L'appétence dépasse les bornes du possible. Les engins atroces de destruction finissent par paraître dérisoires. Mâtho voudrait pouvoir faire *des choses terribles et extravagantes.* Spendius rêve d'engins inouïs. *Il cherchait à inventer des machines épouvantables et comme jamais on n'en avait construit* (XIII).

Mais nulle débauche imaginaire ne permet d'abolir l'éternelle ressemblance. Rien de neuf n'est concevable. Les fluctuantes fortunes de la guerre se jouent et se rejouent sous le signe d'une lutte elle aussi implacable et sans issue – celle qui oppose la déesse Tanit au dieu Moloch. Nul désir, dans ce contexte, ne saurait atteindre son but. C'est bien là le drame central de l'œuvre de Flaubert. La présence permanente de murs dans *Salammbô* symbolise non seulement la virginité presque sacrée de l'héroïne, ainsi que la distance qui sépare la patricienne du mercenaire, mais toute distance, et finalement la notion même d'inaccessibilité. Ce n'est pas par hasard non plus que le grand prêtre Schahabarim, qui convoite Salammbô, est un eunuque condamné à se consumer dans un désir stérile.

Il convient en effet de parler d'un thème personnel, du *bovarysme* de l'auteur. Car le *bovarysme* n'est pas simplement – pour reprendre la formule de Jules Gaultier – le désir de se voir autre qu'on est ; il s'agit de rien moins que d'érotisme métaphysique : le désir dans sa forme essentielle. Voilà qui éclaire le rapport – il va dans les deux sens – entre sexualité et destruction. Les images militaires sont particulièrement lourdes de connotations érotiques : ouvertures, brèches, béliers, pénétration, passages étroits. Mais cette imagerie invoque une destruction plus fondamentale que celle causée même par la guerre la plus meurtrière. Mâtho connaît l'enchantement fatal d'un amour qui n'est qu'initiation à la mort. Il souffre d'une *invincible torpeur, comme ceux qui ont pris autrefois quelque breuvage dont ils doivent mourir* (II). L'idée de l'amour est accouplée ici à celle d'une ivresse fatidique. La quête sexuelle n'est que l'équivalent physique d'une nostalgie désespérée d'un absolu despotique et destructeur.

C'est bien le tragique flaubertien qui est en cause, derrière l'apparente reconstruction archéologique : le néant sera toujours, dans son œuvre, la rançon du rêve. C'est pourquoi le désir de l'impossible et même plus simplement tout appétit démesuré sont associés à la notion de sacrilège. Un interdit semble d'ailleurs devoir placer tout ce qui est convoité hors d'atteinte. Mâtho le sait, qui, durant le vol du zaïmph (il a pourtant une *envie terrible* de posséder le voile sacré), espère que la déesse saura empêcher le succès de l'expédition : *... Mâtho, prosterné devant la porte, implorait Tanit. Il la suppliait de ne point permettre le sacrilège* (III). Tout se passe comme si le personnage flaubertien sentait lui-même le besoin de barrières qui imposeraient des limites à ses désirs. De même le prêtre Schahabarim réprouve sévèrement Salammbô que dévore la curiosité de la *forme* du principe divin : *Ton désir est un sacrilège ; satisfais-toi avec la science que tu possèdes !* Avertissement que devraient prendre à leur compte les autres personnages de Flaubert – Emma, saint Antoine, Bouvard et Pécuchet – qui tous, à leur façon, cherchent à outrepasser les limites de leur être.

En fait, toutes les démarches, toutes les étapes du *bovarysme* se manifestent dans le contexte carthaginois. Le premier stade du mal sera toujours un état de vague exaltation qui allie l'inquiétude des sens aux aspirations de l'esprit. Bientôt cependant cette exaltation cède la place à une recherche de plus en plus frénétique de la sensation : il s'agit de ressentir ce qui n'a pas encore été ressenti, de posséder ce qui se refuse. Immanquablement ce mal tragique dérègle une sensibilité déjà prête à toutes les démences, et aboutit à des paroxysmes de cupidité. Les Barbares sont le symbole collectif et vivant de ce désir de possession : *Ils ne savaient même pas, la plupart, ce qu'ils désiraient.* L'obstacle ne fait qu'exacerber le désir et le rendre plus démentiel. Et si, dans cet assaut donné à l'impossible, il vient un moment de répit ou même d'assouvissement, ce n'est que pour permettre à la conscience d'inventorier la tristesse, la fatigue et le dégoût. La vierge mystique qui s'adonne à la prostitution sacrée découvre toute l'amertume de l'acte réalisé. *Elle restait mélancolique devant son rêve accompli* (XI). Ce désenchantement lugubre, Emma Bovary l'a bien connu ! C'est le sens du vide désespérant qui s'empare du personnage flaubertien lorsqu'il mesure, ayant accumulé les expériences, la distance qui sépare la chimère de la réalité.

L'inventaire de la conscience ! La notion même d'inventaire est centrale, et marque le lien entre le bovarysme et le mal encyclopédique que Flaubert, bien avant Sartre, dénonce avec véhémence. L'accumulation d'expériences et de sensations, la multiplicité des phénomènes – n'est-ce pas, sur les plans physique et métaphysique, la même folie et la même cause d'angoisse ? *Salammbô*, tout comme les autres œuvres de Flaubert, souligne le désarroi et l'abdication du rationalisme devant l'inépuisable présence des phénomènes. La première scène du roman, avec son catalogue de mets et de coutumes, trahit une obsession encyclopédique. D'un bout à l'autre, l'Afrique, lieu de prolifération et de rencontre de races et religions les plus diverses, s'affirme comme le décor symbolique du polymorphisme. Et le théâtre de cette implacable guerre est à la fois un musée et un cimetière de civilisations.

Thème de la stérilité qui marque du coup le procès de la « culture », de la fausse liberté, du tourisme intellectuel. Ici encore le personnage de Schahabarim, le prêtre eunuque, assume une valeur emblématique. *Personne à Carthage n'était savant comme lui. Dans sa jeunesse, il avait étudié au collège des Mogbeds*, à *Borsippa, près Babylone ; puis visité Samothrace, Pessinunte, Éphèse, la Thessalie, la Judée, les temples des Nabathéens, qui sont perdus dans les sables... Il était descendu dans les cavernes de Proserpine ; il avait vu tourner les cinq cents colonnes du labyrinthe de Lemnos... La constitution du monde ne l'inquiétait pas moins que la nature des Dieux...* (x). Curiosité globale qui finit par ressembler au dilettantisme, et aboutit au goût de l'hétérodoxe. On songe au Précepteur des *Mouches*, à l'Autodidacte de *la Nausée*. Le survol et le dénombrement deviennent des alibis pour l'esprit fuyant sa propre authenticité. Et cette hétérodoxie entraîne les pires aberrations. A la fin du roman, le grand prêtre, spirituellement mutilé, se place au service de l'horreur et de l'extermination. L'excès et le monstrueux sont les corollaires d'un encyclopédisme débridé. On voit aisément ce qui relie *Salammbô* à *la Tentation de saint Antoine* et à *Bouvard et Pécuchet*. Dans le temple de Tanit, toutes les formes imaginables semblent soumises à un cauchemar de métamorphoses. Flaubert a bien observé, dans ses *Notes de voyages*, que l'*excès* est une *preuve d'idéalité* [109]. Mais l'hypertrophie des formes et des possibilités restera surtout un principe de désintégration. Le polymorphisme appelle le néant.

Cet appel, Flaubert l'a lui-même connu et vécu durant sa vie entière. Edmond de Goncourt évoque une de ses confessions de fatigue mortelle : « ... Il me parle de son profond ennui, de son découragement de tout, de son aspiration à être mort, – et mort sans métempsycose, sans survie, sans résurrection, à être à tout jamais dépouillé de son moi [110]. » N'est-ce pas à la lumière de ce témoignage qu'il convient de lire le vœu final de *la Tentation de saint Antoine* : *... descendre jusqu'au fond de la matière, – être la matière !* Car le panthéisme flaubertien est le plus souvent prétexte aux rêveries de la dissolution. Salammbô voudrait se *dissoudre* dans les prières, *comme une fleur dans du vin*. L'érotisme latent dans ces images

d'évanouissement ne réduit en rien le désir du néant : ... *je me sens écrasée comme si un dieu s'étendait sur moi. Oh! je voudrais me perdre dans la brume des nuits, dans le flot des fontaines, dans la sève des arbres, sortir de mon corps...* (III).

Derrière le flamboyant de la couleur locale, derrière les poses hiératiques des figures qui en occupent le centre, ce roman est peut-être le plus intimement exaspéré et désespéré. *La situation était intolérable surtout par l'idée qu'elle deviendrait pire.* L'abattement des Carthaginois dans ce chapitre IX résume le pessimisme fondamental de l'auteur. Flaubert lui-même évoque le découragement qui a présidé à la conception du livre. *Peu de gens devineront combien il a fallu être triste pour entreprendre de ressusciter Carthage!* En fait, il s'agit d'une désolation plus profonde que la tristesse. Le prêtre

Carthage, l'ancien port.

émasculé, ayant trahi le culte de Tanit, se retrouve vidé de sa foi. L'angoisse de Flaubert n'est pas sans rapport avec celle de Schahabarim. Ses écrits tiennent du blasphème, de l'apostasie, du regret d'une foi perdue, de la nostalgie de l'expérience totale. Il faut prendre au sérieux cette formule : *Je suis mystique au fond et je ne crois à rien* [111].

Ce mélange de mysticisme et de nihilisme apparente *Salammbô* aux ouvrages d'une école qui se voudra « décadente ». Inutile de revenir sur les affinités avec Huysmans, Wilde, Moreau. Le roman de Flaubert occupe, bien sûr, une place de choix dans la bibliothèque de Des Esseintes, le héros névropathe de *A Rebours*. Mais plus intéressantes que ces affinités, souvent arbitrairement imposées sur un auteur dont on ne veut apprécier qu'un seul aspect, sont les remarques

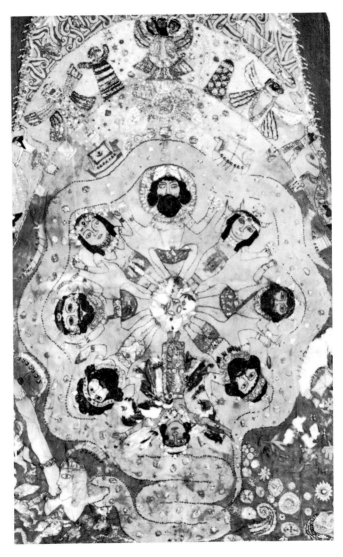

Zaïmph (Bibliothèque de Rouen).

« décadentes » issues de la plume même de Flaubert. Car Flaubert tantôt se veut Barbare, tantôt adore le Bas-Empire sur le point de céder à leur poussée. Apulée le délecte, précisément au moment où il compose *Salammbô*. Question de mode ? Vigny, Baudelaire, et d'autres avaient déjà, dans leur imagination, entrevu dans la capitale moderne l'esprit du Bas-Empire. Mais Flaubert, en ce qui le concerne personnellement, est explicite : *J'ai la tristesse qu'avaient les patriciens romains au IVe siècle* [112].

Roman qui révèle, plus peut-être encore que *Madame Bovary*, le climat moral et intellectuel d'une époque, mais qui, dans l'ambiguïté même de sa vision « décadente », est aussi lourdement chargé de sens intime. Car si, d'une part, Flaubert déclare être affecté par le déclin et la dévaluation de son monde, mettant en accusation la veulerie de la mythique « Bourgeoisie », il se réjouit aussi, de façon presque perverse, de pouvoir être le témoin d'une grandiose agonie culturelle. En profondeur, c'est bien d'un drame personnel qu'il s'agit. Rempli de souvenirs de son voyage en Orient, reflétant son goût de l'histoire et de l'érudition, *Salammbô* est le décor symbolique où le désir d'absolu fait banqueroute.

Faut-il en croire Sartre qui veut que Flaubert ait vécu une contradiction intellectuelle majeure : le conflit entre l'esprit d'analyse fondamentalement bourgeois et les mythes unifiants de la religion ? Sartre exagère sans doute le rôle opprimant du père, qui aurait détruit Dieu en son fils et réduit tous ses élans [113]. Toujours est-il que *Salammbô*, jusque dans ses éléments parnassiens et décadents, présente un amalgame curieux de religion sans Dieu et de scientisme naïf. Prêtre à la recherche d'un culte ? On est tenté d'interpréter l'effort artistique de Flaubert comme une quête spirituelle. Lui-même nous y convie. *L'art est la recherche de l'inutile*, explique-t-il au moment où il entreprend son voyage documentaire sur le site de Carthage, *il est dans la spéculation ce qu'est l'héroïsme dans la morale* [114]. Rien de plus typiquement flaubertien que cette façon d'associer la notion de l'art à une glorieuse futilité.

PROSTITUTION ET IDÉAL

Histoire d'un jeune homme et histoire d'une génération

Avec *l'Éducation sentimentale* (1864-1869), Flaubert revient au monde moderne. Sans aucun doute le plus autobiographique de ses romans, c'est aussi celui pour lequel il éprouve un attachement que trahissent ses vives inquiétudes. *C'est un livre d'amour, de passion ; mais de passion telle qu'elle peut exister maintenant, c'est-à-dire inactive.* Inquiétudes multiples : c'est que la technique doit ici être au diapason d'une histoire très personnelle, mais aussi que la « *vérité* » de cette histoire ne permet pas les raccourcis et les perspectives dramatiques. Il s'agit, somme toute, d'un héros qui ne doit jamais devenir héroïque. *Le sujet, tel que je l'ai conçu, est, je crois, profondément vrai, mais à cause de cela même, peu amusant probablement.* L'inactivité du protagoniste est en même temps une tare et un thème. Elle paralyse dès les premières pages, comme en témoigne cette lettre de douze pages qu'il ne peut se décider à envoyer à la femme dont il est tombé amoureux : *... il la déchira, et ne fit rien, ne tenta rien, – immobilisé par la peur de l'insuccès* (1, 3). Flaubert avoue à son ami Jules Duplan : *Les héros inactifs sont si peu intéressants* [115].

« *Tout était faux ... »*

Les liens affectifs entre Flaubert et ce livre expliquent le chagrin spécial qu'il éprouva devant l'incompréhension de la critique. Bien des années plus tard, dans une lettre à Tourgueneff, il fait encore allusion à cette blessure. *Sans être un monstre d'orgueil, j'estime que ce livre a été mal jugé, sa fin surtout. De cela, je garde rancune au public.* La fin surtout... : cette fameuse fin où les deux amis évoquent le distant souvenir de leur première visite au bordel, Flaubert en était particulièrement satisfait. A George Sand, sur le point de terminer le roman, il mande : *J'ai bien envie de vous en lire la fin* [116]. La pudibonderie de ses lecteurs s'est offusquée de cette phrase par laquelle se termine le livre : *C'est là ce que nous avons eu de meilleur !* Mais cette phrase qui se réfère à l'excursion des deux adolescents à la maison de « la Turque » est-elle vraiment cynique ? N'y devine-t-on pas la nostalgie d'une innocence perdue ?

L'intention, ou plutôt le point de départ, autobiographique est indéniable. Un des tout premiers plans révèle bien que l'intrigue de base tourne autour d'une rencontre *(Traversée sur le bateau de Monterau. Un collégien.)* et que cette rencontre, ainsi que l'histoire d'adultère, est une transposition romanesque de la célèbre rencontre du jeune Gustave avec Mme Schlésinger à Trouville. *(Me. Sch [lésinger]. – Mr Sch [lésinger]. moi* [117].) Outre les détails précis, Flaubert reprend ainsi un thème qui lui est cher : la poésie et le drame de l'adultère – surtout de l'adultère impossible, irréalisé. *Mémoires d'un fou* évoquaient cette exaltation-là, mais aussi les lamentables compromissions dans les rapports avec le mari qui *tenait le milieu entre l'artiste et le commis voyageur* (XII). C'est bien le portrait de ce Maurice Schlésinger, l'éditeur de musique bon vivant et bon garçon, qui sera le modèle d'Arnoux, le directeur de *l'Art industriel*, et avec qui Frédéric Moreau entretient des rapports pour le moins ambigus. *Novembre* avait fait état de cette dégradation, de l'avilissement des fausses amitiés avec le mari. *Vouloir une femme mariée, et pour cela se rendre l'ami du mari, lui serrer affectueusement les mains, rire à ses calembours, s'attrister de ses mauvaises affaires, faire ses commissions...* – voilà qui préfigure l'humiliante situation dans *l'Éducation sentimentale*. La veulerie et la lâcheté de Frédéric s'en trouvent encore aggravées.

Flaubert, lui, s'était refusé à ce jeu indigne – ou bien l'occasion ne lui en avait pas été accordée. Cependant il en avait éprouvé toute l'amertume, d'abord par l'imagination, ensuite par personnage interposé. En revanche, l'acte même d'écrire a sans doute contribué à idéaliser le grand amour de sa vie – cette Élisa que des chagrins intimes allaient faire sombrer dans la folie. Idéalisation qui incite Frédéric à la voir plus grande même que Paris. *Paris se rapportait à sa personne, et la grande ville avec toutes ses voix, bruissait, comme un immense orchestre, autour d'elle* (I, 5). Rien, ni la laideur de la capitale, ni l'engourdissement physique et moral, ne saura ternir l'image. Illusion, mais aussi admirable réalité d'une plénitude qui frappe le jeune homme comme une évidence. ... *elle touchait au mois d'août des femmes, époque tout à la fois de réflexion et de tendresse, où la maturité qui commence colore le regard d'une flamme plus profonde, quand la force du cœur se mêle à l'expérience de la vie, et que, sur la fin de ses épanouissements, l'être complet déborde de richesses dans l'harmonie de sa beauté* (II, 6).

Les ambitions de Flaubert, à partir de ce projet autobiographique initial, grandirent singulièrement. C'est une véritable fresque historique qu'il allait entreprendre. Car le roman « personnel », le roman de l'individu, le mène au roman de mœurs ; le roman psychologique participera à la genèse d'un roman de l'Histoire et de la Politique. Une lettre l'explique : *Me voilà maintenant attelé depuis un mois à un roman de mœurs modernes qui se passera à Paris. Je veux faire l'histoire morale des hommes de ma génération ; « sentimentale » serait plus vrai.* Le coup de génie de Flaubert est d'avoir saisi non seulement le rapport entre trois sujets (l'individu, la génération, le moment historique), mais celui, ironique et tragique, entre un échec « sentimental » individuel et une banqueroute morale collective. Ce faisant, Flaubert explore une nouvelle voie romanesque, et une nouvelle technique : le roman, avec *l'Éducation sentimentale*, devient carrefour, où fiction et histoire viennent se rencontrer sur le même pied. Que de problèmes d'équilibre, cependant! ... *j'ai bien du mal à emboîter mes personnages dans les événements politiques de 48. J'ai peur que les fonds ne dévorent les premiers plans...* Car Flaubert sait que l'un des dangers du genre historique c'est que les personnages de l'histoire, si on leur accorde une place trop grande, risquent de paraître plus intéressants que ceux de la fiction, surtout – et là nous revenons à la conception originelle – *quand ceux-là ont des passions modérées...* Cette difficulté n'est pas pour lui déplaire ; il aime les problèmes de technique : ... *le milieu où mes personnages s'agitent est tellement copieux et grouillant qu'ils manquent, à chaque ligne, d'y disparaître. Je suis donc obligé de reculer à un plan secondaire les choses qui sont précisément les plus intéressantes* [118].

Au-delà de la gageure technique, au-delà de l'inquiétude et de l'orgueil de l'artiste, c'est cependant encore la présence affective qui reste déterminante. Le « milieu » historique intéresse Flaubert précisément dans la mesure où les contingences politiques le passionnent. Non dans le sens habituel, certes : Flaubert serait plutôt « apolitique » ; mais justement parce que la politique – toute politique – l'indigne. Contre le Peuple (en tant que mythe ou réalité), contre le bourgeois, contre son époque : les témoignages directs de cette irritation, que les événements de 1848 sont venus exacerber, ne manquent pas. *Il n'y a plus rien qu'une tourbe canaille et imbécile* – tel est son diagnostic de l'époque. Il est certain que Flaubert se méfiait des socialistes en qui il veut voir des cuistres doctrinaires et à tendances despotiques. Quant à la masse, elle lui paraît par définition haïssable : ... *non, s.n. de Dieu, non ! je*

ne peux admirer le peuple et j'ai pour lui, en masse, fort peu d'entrailles... Sartre lui reprochera de manger de l'ouvrier [119]. Entendons-nous. C'est le troupeau que Flaubert abhorre. En fait, le mépris flaubertien ne connaît pas de barrières sociales. *Axiome : la haine du bourgeois est le commencement de la vertu. Moi, je comprends dans ce mot « bourgeois » les bourgeois en blouse comme les bourgeois en redingote.* Les socialistes et les prolétaires sont loin d'avoir un monopole d'inintelligence. Quand il s'agit de dénoncer l'imbécillité et la laideur, Flaubert est d'une impartialité dévastatrice. *Ah ! comme je suis las de l'ignoble ouvrier, de l'inepte bourgeois, du stupide paysan et de l'odieux ecclésiastique !* Et dans une lettre à Tourgueneff, il s'en prend jusqu'à *l'infâme parti de l'ordre.* Tous y passent : le *bourgeoisophobus* (c'est ainsi qu'il signe l'une de ses lettres) éprouve un monstrueux dégoût pour l'époque pantouflarde et le règne du muflisme. *Je sens contre la bêtise de mon époque des flots de haine qui m'étouffent. Il me monte de la m... à la bouche comme dans les hernies étranglées* [120].

Doit-on parler, comme l'a fait Gide, d'épopée du dégoût ? L'indignation de Flaubert est trop « morale », comme en témoigne l'étonnante scène de la IIIe partie de *l'Éducation sentimentale* où il décrit, s'étant documenté, les atrocités commises contre les prisonniers politiques enfermés et entassés sous la terrasse des Tuileries. Cette scène véhémente, proprement concentrationnaire (les prisonniers dépérissent dans leurs excréments, parmi les cadavres de leurs camarades), suffirait à prouver que Flaubert ne pratique nullement l'impassibilité. Ici c'est l'égalité dans la turpitude qu'il dénonce : *... l'égalité... se manifestait triomphalement, une égalité de bêtes brutes ; un même niveau de turpitudes sanglantes ; car le fanatisme des intérêts équilibra les délires du besoin, l'aristocratie eut les fureurs de la crapule, et le bonnet de coton ne se montra pas moins hideux que le bonnet rouge* (III, 1).

Le reproche de « manger de l'ouvrier » tombe à faux tout autant que celui de cynisme. Le mot de la fin n'est pas une boutade tendant à dénigrer tout : le motif du bordel est ici élevé à la dignité d'un thème. Certes, la prostitution exerce sur Flaubert une fascination personnelle (il y aurait d'ailleurs bien des choses à dire sur l'importance de ce sujet dans la littérature du XIXe siècle) ; mais il convient de dégager toute l'importance de ce point de rencontre entre un thème personnel et la structure même d'une œuvre.

La maison de la Turque à Nogent-sur-Seine (Musée municipal, Rouen).

Le thème du bordel

La fin contient le début ; elle résume métaphoriquement toute l'histoire. L'épilogue implique plus qu'un « retour » ; il s'agit d'un état psychologique permanent. La retraite de Frédéric dans sa ville de province, son besoin de refuge, illustrent son solipsisme et vont de pair avec une fatigue de vivre, une nostalgie presque incestueuse du sein maternel. A la fin du roman, Frédéric rêve de se tasser, de se recroqueviller : *... il souhaita... le repos de province, une vie somnolente...* L'épilogue, qui se termine sur le souvenir d'une visite dans une maison close, saute rétrospectivement par-dessus trente-cinq années, créant ainsi une impression de circularité. Mais cette fin *(C'est là ce que nous avons eu de meilleur !)* contient le début pour une raison plus précise encore. L'épisode évoqué est un résumé en miniature de tout un jeu d'événements et de significations.

« ... il souhaita... le repos de province, une vie somnolente... »

L'anecdote qui fait les délices des deux amis est à première vue assez banale. Un dimanche, tard dans l'après-midi, les deux garçons, après s'être fait friser et avoir cueilli des fleurs, se sont glissés dans la maison de « la Turque », en tenant assez gauchement leurs bouquets. Souvenir transposé d'une première expérience du jeune Gustave? *Frédéric présenta le sien, comme un amoureux à sa fiancée. Mais la chaleur qu'il faisait, l'appréhension de l'inconnu, une espèce de remords, et jusqu'au plaisir de voir, d'un seul coup d'œil, tant de femmes à sa disposition, l'émurent tellement qu'il devint très pâle et restait sans avancer, sans rien dire. Toutes riaient, joyeuses de son embarras ; croyant qu'on s'en moquait, il s'enfuit ; et, comme Frédéric avait l'argent, Deslauriers fut obligé de le suivre* (III, 7).

Le sens de ce passage se situe au-delà du souvenir personnel : c'est tout un caractère qui se trouve esquissé et résumé.

Le geste naïf révèle un idéalisme latent et inefficace. La chaleur paralysante évoque l'indolence de Frédéric ; son hésitation devant la multiplicité du choix correspond au manque de direction dans sa vie. L'immobilité et le mutisme suggèrent la timidité, la crainte d'être jugé, la peur de l'humiliation. Et, au-delà du personnage, ce sont les thèmes fondamentaux du livre qui se trouvent condensés : le refus, la fuite, l'échec ; mais aussi l'illusion poétique qui s'accroche au non-réalisé. Ce qui provoque le regret, c'est une orgie qui n'en fut pas une. Car enfin – ce jour-là du moins – Frédéric sortit de chez « la Turque » chaste. L'ultime commentaire du livre, loin d'être cynique et avilissant, exprime une nostalgie durable de l'innocence.

« Les héros inactifs sont si peu intéressants »
« La vie de jeune homme. » Gavarni (Bibliothèque Nationale).

La prostitution n'est pas seulement un motif de rêverie érotique (avoir de *fulgurantes orgies avec des courtisanes illustres*, I, 2) ; elle représente l'anti-masque indispensable de l'idéalisation. La demi-mondaine Rosanette – la Maréchale – fouette les nerfs de Frédéric, avec son *air d'esclave plein de provocations* (II, 6). Mais cette image, soit par les similitudes ou les contrastes, existe en fonction d'un rêve de pureté. Rosanette et Mme Arnoux cohabiteront dans l'esprit de Frédéric par un principe bien connu de « transfert ». *La fréquentation de ces deux femmes faisait dans sa vie comme deux musiques : l'une folâtre, emportée, divertissante, l'autre grave et presque religieuse* (II, 2). Polarisation et dialectique inhérentes à la conception même du livre, comme en témoigne une remarque des plans : ... *il s'efforce à aimer la Prostitution, de même qu'à l'exaltation idéale* [121]...

Il faut certes faire la part du goût du pittoresque et de la satire. Le premier bal masqué de Frédéric lui offre un étalage de chairs faisant inévitablement songer aux spécialités et aux jeux d'illusion d'une « maison » bien pourvue. Cependant le monde facile de Rosanette n'est pas le seul à être présenté comme un lieu de tentations. L'image du lupanar est reprise dans une autre tonalité, celle du grand monde. Dans le boudoir de Mme Dambreuse, les seins des invitées s'offrent aux regards, des frissonnements donnent l'impression que les robes vont tomber. Frédéric est frappé par les *provocations du costume* et la *placidité presque bestiale* des visages : ... *ce rassemblement de femmes demi-nues faisait songer à un intérieur de harem ; il vint à l'esprit du jeune homme une comparaison plus grossière* (II, 2).

Même les établissements publics (cafés, restaurants, bals publics) sont des lieux de prostitution. Le bordel devient, dans ce contexte, la métaphore pour toute entreprise de proxénétisme, pour tout commerce d'illusion, pour tout plaisir acheté. L'Alhambra, où l'on peut connaître *des femmes*, satisfait aux besoins de dépaysement facile. Même on peut dire que la plupart des personnages principaux sont à vendre. Et d'abord Rosanette, bien sûr, la femme entretenue, dont la vocation est suggérée de façon graphique par son portrait, commandé par M. Arnoux, plus tard acheté par Frédéric, et qui en attendant se trouve exposé chez un marchand de tableaux avec l'inscription suivante : *Mlle Rose-Annette Bron, appartenant à M. Frédéric Moreau, de Nogent* (II, 4). Mais aussi la grande dame, la prostituée mondaine, Mme Dambreuse et tant d'autres : Vatnaz l'entremetteuse, Delmar l'acteur qui vend son talent aux partis politiques, M. Arnoux dont l'établissement hybride *L'Art industriel* symbolise la profanation de l'art, le peintre Pellerin qui devient photographe, le financier Dambreuse qui *avait acclamé... tous les régimes, chérissant le Pouvoir d'un tel amour qu'il aurait payé pour se vendre.*

Et il ne faut pas oublier Frédéric lui-même. Une lettre de Flaubert à Amélie Bosquet éclaire ce personnage, et cela sur une note très intime : *On a parlé à satiété de la prostitution des femmes, on n'a pas dit un mot sur celle des hommes. J'ai connu le supplice des filles de joie, et tout homme qui a aimé longtemps et qui voulait ne plus aimer l'a connu* [122]... D'autre part, Frédéric s'expose à toutes les compromissions, il est véritablement l'homme de toutes les faiblesses, il combine les duplicités adultérines avec l'embarras de se trouver le rival d'Arnoux non seulement auprès de sa femme, mais encore de sa maîtresse. Ses indécisions de dilettante, ses trahisons, son besoin de se reposer sur autrui, sont comme les caractéristiques d'une personne entretenue. Flaubert décrit souvent des femmes fortes et des hommes passifs, efféminés. La personne de Frédéric exerce sur son ami Deslauriers *un charme presque féminin* (II, 5). Sur ce plan, se dessine l'histoire d'un autre adultère, celui de l'amitié. *Frédéric, en apercevant Deslauriers, se mit à trembler, comme une femme adultère sous le regard de son époux* (I, 4). Et que dire du mariage projeté avec Mme Dambreuse, pour l'argent et le prestige social ?

La prostitution collective n'est pas moins réelle. La société est une fille publique qui embrasse toujours le vainqueur. La phrase suivante, concernant Rosanette, montre bien le rapport que Flaubert tient à établir entre l'avilissement de l'individu et l'avilissement du groupe : *... elle se déclara pour la République – comme avait déjà fait Monseigneur l'archevêque de Paris, et comme devaient faire avec une prestesse de zèle merveilleuse : la Magistrature, le Conseil d'État, l'Institut, les maréchaux de France, Changarnier, M. de Falloux, tous les bonapartistes, tous les légitimistes, et un nombre considérable d'orléanistes.* Il n'est pas jusqu'au mythe de la liberté qui ne soit exposé à une dénigrante ironie. Le sac des Tuileries se termine par une vision emblématique. *Dans l'antichambre, debout sur un tas de vêtements, se tenait une fille publique, en statue de la Liberté, – immobile, les yeux grands ouverts, effrayante* (III, I).

Cette image souligne la grossièreté et la vacuité de tout engagement politique. C'est que, pour Flaubert, la politique n'est qu'un autre aspect, à certains égards le plus déplaisant parce que le plus public, du thème de l'idéal trahi. *L'Éducation sentimentale* est le poème de la banqueroute et de l'érosion, le roman d'une immense désertion. L'amitié, l'ambition, l'idéologie – tout y passe. Partout c'est le règne du faux, de l'*ersatz* ; tout geste est traduit en sa propre parodie : faux duel, faux art, faux amour. Sur ce règne du toc, Flaubert s'est prononcé dans une lettre à George Sand écrite peu après

la chute du IIe Empire : *Tout était faux : faux réalisme, fausse armée, faux crédit et même fausses catins* [123]. Aboutissement logique d'une période qui a tout falsifié et profané.

Même ce qui est authentique et pur se trouve sujet à avilissement. La vente aux enchères des objets personnels de Mme Arnoux symbolise, non seulement une liquidation de plus, mais la profanation du sacré. Ce sont des reliques qui sont passées de main en main. Flaubert a toujours éprouvé comme une terreur devant l'idée de saisie, ou même de simple vente. Les objets, au même titre que la propriété, s'affirment non comme symboles et luxe de la classe possédante, mais comme garants d'une fidélité au passé, d'un contact avec le moi profond. *C'était comme des parties de son cœur qui s'en allaient avec ces choses...* (III, 5).

Finalement, c'est l'idée de stérilité que le motif de la prostitution fait ressortir. Stérilité et avortement : bien des événements du roman semblent en effet placés sous leur signe. La prostituée incarne aux yeux de Flaubert le principe de l'antiphysis. La *maison de santé et d'accouchement,* où Rosanette accouche d'un enfant qui ne pourra vivre, est décrite en termes pour le moins équivoques : la femme de chambre a une *tournure de soubrette,* la directrice de l'établissement est appelée *Madame,* l'établissement est qualifié de *maison discrète : ... les volets de la façade restaient même constamment fermés,* et l'on y entend, fait assez surprenant dans ce qui est censé être une clinique, *le bruit continuel des pianos.* Il semble que Flaubert aurait même songé à faire expliquer par la *Madame* comment on dispose d'un nouveau-né!

Et cependant, au-delà de la trahison et de la profanation, incontaminée par elles, la figure idéale de Mme Arnoux – transposition du cher fantôme de Trouville – demeure majestueuse et intacte. A tel point que, tout compte fait, l'on se demande si la laideur n'est pas au service du beau, si, dans le contexte flaubertien, la dégradation n'est pas tributaire de la pureté. Le narrateur, dans *Mémoires d'un fou,* écrivant sous la dictée du souvenir encore tout frais de la rencontre avec Elisa Schlésinger, connaît le dégoût d'avoir perdu sa virginité avec une créature facile : *J'eus des remords, comme si l'amour de Maria eût été une religion que j'eusse profanée* (XVI). De même, Frédéric est travaillé par le regret d'une innocence perdue. Ce n'est pas par hasard qu'il s'attache au souvenir essentiellement chaste d'une expédition au bordel. Le paradoxe joue ici à plein : l'épisode est marqué par la poésie du non-avenu.

Souvenir qui, évoqué dans la toute dernière scène, et notamment juste après la dernière entrevue avec Mme Arnoux, acquiert un sens tout spécial. Et cela non seulement parce que l'ultime rencontre avec Mme Arnoux semble faire écho à une visite réelle de Mme Schlésinger à Croisset, mais parce que le merveilleux duo d'amour déjà posthume correspond à un *espoir invincible*, qui lui aussi se soustrait aux contingences du réel. Flaubert a repris le nom symbolique de Marie déjà utilisé dans *Mémoires d'un fou* et dans *Novembre* ; c'est que Mme Arnoux est plus qu'une personne : une image. Ou plutôt une vision. L'un des premiers scénarios du roman est explicite : 1re *vue – éblouissement* [124]. Et le texte décrivant la première rencontre l'est encore davantage. *Ce fut comme une apparition* (1,1). Mais cela nous ramène au début du roman.

La Madone

Sur ce début, il y aurait beaucoup à dire : la thématique de l'œuvre et la sensibilité de l'homme s'éclairent mutuellement dans cette scène de navigation fluviale. Torpeur du départ, paysage qui glisse comme un décor irréel, double passivité du passager sur le bateau et du bateau confiné par le lit de la rivière, rêverie devant les deux berges qui défilent *comme deux larges rubans que l'on déroule*, projets de travail ou de séjours dans des lieux qui déjà sont dépassés - tout dans ce début suggère un tempérament velléitaire. Établissant d'entrée de jeu une polarité Province-Paris (thème récurrent dans le roman du XIXe siècle), il prépare également un pathos de l'irréalisation cher à Flaubert : à la fin du roman, la notion de voyage continue à être associée à *l'amertume des sympathies interrompues* (III, 6). Et, ironiquement, il ne s'agit même pas d'un authentique « voyage » ; le petit trajet sur la Seine ne comporte ni risques ni aventure. Il est à la mesure du héros non héroïque.

Mais l'importance dramatique de cette ambiance dont tout imprévu semble banni, c'est que la description de cette triste cargaison humaine prépare justement l'imprévu d'une rencontre lumineuse. *Ce fut comme une apparition*. Tout dans cette première vue, ou vision, de Mme Arnoux suggère une créature angélique dont la *splendeur* rejette dans l'ombre et l'insignifiance ce qui l'entoure : *l'éblouissement* qui émane de ses yeux, l'ovale de sa figure de madone se détachant sur un fond de ciel à la Fra Angelico, la lumière qui traverse ses doigts, son *attitude* statuesque, sa robe se répandant à plis nombreux. Frédéric en éprouve un *mouvement de cœur presque religieux*.

Expérience spirituelle dans un décor de banalité, rencontre dans une tradition qui remonte à la *Vita Nuova* de Dante, il n'y a, en dépit du contraste, aucun effet de parodie, et seule peut-être la plus légère intention d'ironie. Devant la femme, initiatrice de mystères, Flaubert fait ressentir à son héros *une curiosité douloureuse qui n'avait pas de limites* (phrase digne de Proust!). De façon répétée, l'image de la femme idéalisée inspire à Frédéric une *sorte de crainte religieuse*, que vient compliquer le sens d'un interdit devant l'image de la mère. *Cette robe... lui paraissait démesurée, infinie, insoulevable...* (II, 3).

D'ailleurs Mme Arnoux paraît presque régulièrement dans des poses maternelles : cousant, brodant, montrant à lire à son enfant, tenant son petit garçon sur ses genoux. Elle est la sereine dispensatrice de tendresse et de charité. *Tous ses mouvements étaient d'une majesté tranquille ; ses petites mains semblaient faites pour épandre des aumônes, pour essuyer des pleurs...* (II, 2). Flaubert, qui avait gardé le vif souvenir de Mme Schlésinger donnant le sein à son enfant, élève le modèle, et transpose son émoi personnel en créant des tableaux de madone radieuse. *Le soleil l'entourait...* La luminosité est due, soit à un effet de gloire autour de sa tête, soit aux rayons qui émanent d'*Elle*. Par exemple : *... il sentait ses regards pénétrer son âme, comme ces grands rayons de soleil qui descendent jusqu'au fond de l'eau*. Ou alors : *Mme Arnoux se tenait assise sur une grosse pierre, ayant cette lueur d'incendie derrière elle* (I, 5). Le résultat est le même : *Une suavité infinie* qui fait que le personnage flaubertien contemple en silence l'être dont chaque partie devient précieuse. *Chacun de ses doigts était, pour lui, plus qu'une chose, presque une personne.* Flaubert va jusqu'à parler de *béatitude indéfinie*.

Cette terminologie religieuse, et même mystique, va de pair avec une poésie du silence. *Pendant une minute ou deux aucun des deux ne parla.* Poésie du sous-entendu aussi. C'est précisément au moment où Frédéric et Mme Arnoux débitent les lieux communs de la conversation la plus banale que se laisse deviner l'émotion la plus intense : *... Il n'eût point donné cette rencontre pour la plus belle des aventures* (II, 6). Ce rapport du cliché au lyrisme est cher à Flaubert.

« Une suavité infinie... »

Élisa Schlésinger par Devéria (Bibliothèque Nationale).

Ambiguïtés des lieux

Le paysage, ambigu lui aussi, n'est jamais un exercice gratuit. Il énonce, mais toujours d'une manière équivoque. Fort de son héritage, Frédéric s'en retourne à Paris (pour quoi y faire ? – *Rien*, annonce-t-il à sa mère) – ce qui ne l'empêche pas de rouler dans un état d'ivresse morale, construisant d'avance le palais de son bonheur. Or tout, dans cette traversée de la banlieue, discrédite sa rêverie. Tout suggère la stérilité (*les vagues ruines*, les *arbres sans branches*, l'eau sale dans les cours pleines d'immondices, l'air empoisonné par les établissements de produits chimiques) et l'avortement. Les enseignes de sage-femme ne sont pas pour donner une image exaltante de l'amour. Les *ruines* mêmes ne proposent pas les vestiges d'un glorieux passé, mais les pauvres ébauches d'une réalité qui n'a jamais pris forme : ... *çà et là, une bicoque de plâtre à moitié construite était abandonnée.* D'ailleurs les nombreuses enseignes (de cabarets, de débits de tabac, de sages-femmes), ainsi que les affiches couvrant les murs, ne font que souligner ce qu'il peut y avoir de bassement commercial dans le monde où pénètre Frédéric. Et cependant, il se refuse à cette réalité-là : ... *une pluie fine tombait, il faisait froid, le ciel était pâle, mais deux yeux qui valaient pour lui le soleil resplendissaient derrière la brume* (II, I).

Cette ambivalence du paysage est encore plus frappante et plus complexe dans l'épisode de Fontainebleau qui comporte à la fois une double suggestion affective et un double jugement moral. La forêt est un lieu bucolique et érotique : les frênes y courbent mollement leurs ramures, les bouleaux y assument des attitudes élégiaques, les chênes s'étreignent, il règne une *langueur fiévreuse*. Mais cette langueur s'accompagne d'une menace de violence. L'étreinte n'est pas que d'amour. Les chênes, *pareils à des torses, se lançaient avec leurs bras nus des appels de désespoir, des menaces furibondes, comme un groupe de Titans immobilisés dans leur colère.* La double perspective prend toute sa valeur lorsqu'on songe que, pendant que les deux amants s'abandonnent à leur plaisir, la révolution et la souffrance sévissent à Paris – dont ils ne se doutent même pas qu'ils sont venus à Fontainebleau. Mais l'évasion n'est guère possible. Le paysage devient rappel des événements, extériorisation de la mauvaise conscience. Flaubert va même jusqu'à jouer sur le concept de révolution, puisqu'il invoque les grands cataclysmes naturels responsables du chaos des roches. Cette analogie a cependant, elle aussi, une valeur double, puisqu'elle fait ressortir du coup

Fontainebleau. Corot (Exposition de Sceaux).

le côté dérisoire des changements politiques et des agitations d'un jour. Le paysage apocalyptique des roches laisse rêveur ; il affirme une autre notion du temps. *Frédéric disait qu'ils étaient là depuis le commencement du monde et resteraient ainsi jusqu'à la fin.* La présence et le jugement personnels de Flaubert s'imposent ici par la seule force des images, par les tensions apparemment inhérentes et objectives. Typique intervention de l'auteur qui exprime ainsi, sans avoir à la formuler, toute son angoisse devant l'action, et notamment devant l'action politique, en même temps que l'impossibilité de se soustraire au bruit et à la fureur de son époque. L'épisode se termine sur une note de profond malaise. *Il fut indigné de cet égoïsme ; et il se reprocha de n'être pas là-bas avec les autres* (III, 1).

Ambiguïtés de la politique

Flaubert a jugé la Révolution de 1848 avec sévérité. L'objectivité historique et documentaire est ici strictement illusoire. Le découpage de la « réalité » suggère un point de vue ;

toute perspective implique un jugement. Le choix des épisodes marquants, même si rien n'est inventé, leur agencement surtout, révèlent une attitude, un tempérament. La structure devient un commentaire. La Révolution éclate au même moment où Rosanette devient enfin la maîtresse de Frédéric dans le logement préparé, *dévotement*, pour Mme Arnoux. La Révolution commence ainsi sous le signe de la faiblesse, de la profanation, de l'échec. D'ailleurs, pour Rosanette et Frédéric, les événements de la rue sont un spectacle devant lequel ils restent détachés : « *Ah! on casse quelques bourgeois* », *dit Frédéric tranquillement*... Du même coup, Flaubert blâme cette indifférence égoïste qui *verrait périr le genre humain sans un battement de cœur* (II, 6).

Une fois en train, le flot révolutionnaire se distingue par sa bestialité. La description de l'invasion et du sac des Tuileries est un crescendo de violence et d'obscénité. Cela commence par des mugissements et des piétinements ; cela se termine par la joie frénétique de la populace (Flaubert l'appelle la *canaille*) envahissant la chambre de la reine, violant les lits des princesses, souillant, cassant, brûlant tout.

La démence devient d'ailleurs contagieuse : à la bestialité répondent l'ineptie et l'imbécillité. Le *Club de l'Intelligence*, où Frédéric vient se présenter comme candidat, est le lieu caricatural de la réunion politique où règnent le mimétisme, la grossièreté, l'orgie verbale, les projets les plus absurdes. Le discours incompréhensible du *patriote de Barcelone* symbolise la futilité de cette colère et de ces utopies. Le diagnostic de Flaubert est dur : à l'incompétence il faut ajouter la trahison. La Révolution est condamnée à l'avortement par manque de vrais chefs, par l'égoïsme des factions, par la duplicité de ceux qui la saluent du bout des lèvres – mais surtout par le poids de la bêtise humaine qu'elle encourage et qui finit par l'écraser.

Bestialité et imbécillité... et cependant. Le jugement de Flaubert, ses réactions, ne sont jamais aussi simples. En regard de tous les passages qui dénoncent et discréditent, il serait aisé d'en placer d'autres qui révèlent que Flaubert n'était nullement insensible à une certaine ferveur collective, qu'il entrevoyait la grandeur du moment historique, qu'il savait notamment mettre en valeur ses aspects dramatiques et apocalyptiques. Le passage décrivant l'arrestation nocturne de Frédéric après son retour de Fontainebleau (des ombres passent derrière les carreaux de la Pitié en flammes, le cri des sentinelles se prolonge au milieu d'un silence angoissant, des pas lourds s'approchent dans l'obscurité) illustre cette poétisation du moment révolutionnaire.

Il y avait au centre des carrefours un dragon à cheval, immobile. De temps en temps, une estafette passait au grand galop, puis le silence recommençait. Des canons en marche faisaient au loin sur le pavé un roulement sourd et formidable ; le cœur se serrait à ces bruits différant de tous les bruits ordinaires. Ils semblaient même élargir le silence, qui était profond, absolu, – un silence noir. Des hommes en blouse blanche abordaient les soldats, leur disaient un mot, et s'évanouissaient comme des fantômes (III, I).

Cette hésitation entre l'abject et le grandiose correspond aux attitudes fluctuantes de Frédéric. Devant les événements de la rue, il est tantôt spectateur indifférent ou indigné, tantôt magnétisé par les foules, enthousiasmé par la force populaire, sentant *bondir son sang gaulois*, et révolté par son propre égoïsme. Il est vrai que c'est surtout lorsqu'on tire sur lui qu'il sympathise avec les victimes ! La plupart du temps, l'attitude de Frédéric – en profondeur celle de Flaubert ? – semble résumée par ces phrases à valeur métaphorique : *Un remous continuel faisait osciller la multitude. Frédéric, pris entre deux masses profondes, ne bougeait pas, fasciné d'ailleurs et s'amusant extrêmement. Les blessés qui tombaient, les morts étendus n'avaient pas l'air de vrais blessés, de vrais morts. Il lui semblait assister à un spectacle.*

Ambiguïtés de l'amour

L'oscillation et l'équivoque se vérifient sur d'autres plans affectifs. Rien de moins simple que la thématique de l'amour chez Flaubert. Il n'est pas jusqu'aux raffinements techniques du contrepoint et de l'ironie (souvent cruelle) qui ne révèlent les exigences contradictoires, les tensions intimes de l'auteur. Les rapports avec Mme Arnoux, après une interruption de seize ans, aboutissent à une ultime entrevue dont la note dominante est élégiaque. A la nuit tombante, c'est comme un fantôme qui revient. La scène se déroule d'abord dans la douceur et le silence. *Tous deux restèrent sans pouvoir parler, se souriant l'un à l'autre.* Puis ils se racontent leur passé tout en se promenant dans une ambiance d'irréalité et de choses défuntes... *comme ceux qui marchent ensemble dans la campagne, sur un lit de feuilles mortes.* Duo des souvenirs, leur chant a déjà la sérénité d'un au-delà. Leurs gestes et leurs paroles suggèrent l'atemporalité, la finalité de l'art. Et aussi la joie. *Il ne regretta rien.*

Cette impression d'un serein accomplissement est cependant minée par le style même de leur conversation, par l'accumulation de phrases sentimentales et livresques. Y aurait-il une intention de démythification de la part de Flaubert ? Après la promenade, Frédéric s'aperçoit à la clarté de la lampe que les cheveux de Mme Arnoux sont blancs *(Ce fut comme un heurt en pleine poitrine)*, il tombe à genoux pour ne pas avoir à la regarder, et fait une déclaration d'amour passionnée à la *femme qu'elle n'était plus*, arrivant par surcroît à se griser de ses propres paroles. Insincérité ? Mais il y a pis. *Frédéric soupçonna Mme Arnoux d'être venue pour s'offrir.* Et devant ce soupçon il se sent à la fois repris par la convoitise et arrêté par la peur d'un quasi-inceste. Il éprouve aussi une lâcheté beaucoup plus banale. *Une autre crainte l'arrêta, celle d'en avoir dégoût plus tard. D'ailleurs, quel embarras ce serait !* Ironie finale : Mme Arnoux, émerveillée par l'embarras de Frédéric *(... il tourna sur ses talons et se mit à faire une cigarette)*, exprime son admiration dans une phrase qui souligne tout le malentendu de cette scène d'union. *Comme vous êtes délicat. Il n'y a que vous. Il n'y a que vous.*

Défaite du lyrisme ? Les détails ironiques de cette scène méritent d'être évoqués. Ils n'empêchent qu'il s'agit d'un des plus beaux duos d'amour de la littérature. Les lieux communs mêmes sont au service d'une transposition idéale ; si les deux personnages parlent comme des livres, c'est qu'ils sont en train de se raconter leur « roman » L'emploi du futur antérieur *(N'importe, nous nous serons bien aimés)* implique une rétrospection par rapport à un point de vue hypothétique et définitif, susceptible de conférer au passé la beauté exclusive des grandes destinées. Cette oraison funèbre d'un amour est aussi un hymne à la liberté : le temps ne domine plus les personnages, il ne peut plus les éroder. Albert Thibaudet a admirablement montré comment Mme Arnoux entre dans sa « place naturelle » qui est « le repos du passé » : elle peut maintenant posséder son rêve, « au lieu d'en être possédée [125] ». Quant à Frédéric, cette déclaration d'amour adressée à *la femme qu'elle n'était plus*, cette apparente insincérité, ne fait qu'illustrer le désir tenace d'être la dupe de son rêve. Et si, à la fin, il se détourne de Mme Arnoux, c'est aussi *pour ne pas dégrader son idéal*.

Présence et absence

Sur le plan stylistique l'équivoque est peut-être plus fondamentale encore. La grande réussite de Flaubert dans *l'Éducation sentimentale* est d'avoir perfectionné une technique qui lui permet d'être le plus présent des auteurs, tout en se déchargeant sur le language (vocabulaire, syntaxe) du soin d'intervenir, de commenter. Il y a bien entendu des intrusions directes, plus peut-être qu'on ne pense, ou que Flaubert lui-même ne le pensait. Ce sont, tout d'abord, des appréciations, des jugements sur les personnages. M. Dambreuse est *subtil comme un Grec et laborieux comme un Auvergnat...* (I, 3). Delmar est un *cabotin qui a une mine vulgaire, faite comme les décors de théâtre pour être contemplée à distance...* Deslauriers s'exprime d'une façon qui décèle *l'homme de mince origine*. Le plus souvent, c'est Frédéric lui-même qui est jugé, dénigré. Il est coupable d'une *prodigieuse couardise*, d'une *lâcheté sans fond* ; il est l'*homme de toutes les faiblesses* (II, 2, 4 ; III, I).

Grand admirateur de La Bruyère, Flaubert se laisse parfois entraîner par le goût des formules, des portraits, des maximes. Le goût du moraliste vient ici rejoindre celui de l'historien. Tantôt c'est la concision élégante et abstraite de l'amateur d'aphorismes (*... il reste toujours dans la conscience quelque chose des sophismes qu'on y a versés...* II, 3) ; tantôt la qualité lapidaire que lui-même appréciait chez un Montesquieu ou un Voltaire. Dans ces cas, le romancier ne fait rien pour s'escamoter.

D'ailleurs, même lorsqu'il s'interdit toute explication, toute opinion personnelle, toute hauteur par rapport à ses personnages, il serait facile de montrer que les dés sont pipés. Nuls personnages moins « libres » que ceux de Flaubert. Hasards, coïncidences, interférences ironiques – tout collabore à une structuration des plus conscientes. C'est bien l'inévitable privilège du romancier. Seulement Flaubert ne joue pas jeu franc : on ne trouve chez lui ni la manifeste omniprésence d'un Balzac, ni les désolidarisations problématiques d'un Diderot, d'un Stendhal, ou d'un Gide, mettant en question le rapport du romancier avec son œuvre.

L'habitude flaubertienne d'émettre des jugements que qualifie un adverbe déplace insensiblement la responsabilité du jugement. Mme Dambreuse reçoit Frédéric : *Assise au fond, sur la causeuse, elle caressait les floches rouges d'un écran japonais, pour faire valoir ses mains, sans doute...* Ailleurs elle dévisage scrupuleusement sa rivale, *enviant peut-être la jeunesse de l'autre...* Ou encore, quand Frédéric et Mme Dambreuse n'arrivent pas à parler librement : *Ils causèrent fort peu, se méfiant d'eux-mêmes, sans doute* (II, 2 ; III, 5, 3). Ces *sans doute* et *peut-être* maintiennent une fluidité entre l'auteur et ses personnages ; l'interprétation du romancier semblerait pouvoir être formulée par ses créatures fictives.

Or cette fluidité suggère une fusion : le phénomène est celui d'une double perspective situant le lecteur à la fois avec l'auteur et à l'intérieur des personnages, réduisant ainsi toute distance entre sujet et objet. Lorsque Flaubert écrit que les invités chez les Dambreuse *auraient vendu la France ou le genre humain, pour garantir leur fortune, s'épargner un malaise, un embarras, ou même par simple bassesse...*, c'est bien sa propre indignation qu'il exprime ; mais il est clair que c'est là aussi le jugement de Frédéric, qui précisément se trouve *indigné* (II, 4). Fusion de points de vue qui ne permet aucune distance réelle, tout en créant l'illusion de distance. La fameuse objectivité de Flaubert ne serait en fait qu'un état permanent d'immersion. Les éléments autobiographiques (souvenirs, attitudes, réactions) sont ici tellement envahissants qu'il devient futile de vouloir les identifier. La pseudo-objectivité de certains imparfaits illustre cette absence-présence du romancier. *Il était impossible de la connaître*, est-il dit à propos de Rosanette (II, 2) : nous nous trouvons exactement à mi-chemin entre la description et la pensée informulée, ou à moitié formulée, du protagoniste. De même,

La loge. Gavarni (Bibliothèque Nationale).

la grande consolation de la fin *(Il ne regretta rien. Ses souf-frances d'autrefois étaient payées)* est à la fois un résumé et l'équivalent d'un discours intérieur.

Nous revenons au style indirect libre, déjà merveilleuse-ment adapté aux besoins de *Madame Bovary*. Instrument d'impersonnalité, ce procédé consistant à escamoter tout antécédent pronominal permet également d'installer l'auteur, en le camouflant, au centre de son personnage. Ce qui se passe en fait c'est que l'auteur lui-même remplace l'antécédent pronominal, qu'il devient pronom, qu'il personnifie ses personnages, qu'il ne fait que jouer à être absent, qu'il se situe au cœur de sa création.

Or, au cœur de cette création se situe aussi un sens du tragique assez spécial : celui de l'absence de tragédie. *C'est trop vrai et, esthétiquement parlant, il y manque la fausseté de la perspective.* La vérité s'oppose, en tant que notion, à l'exaltation héroïque. Ce qui domine dans *l'Éducation sentimentale*, c'est l'expérience du vécu – ou du moins l'illusion littéraire de cette expérience : ni lutte, ni défaite glorieuse, mais une soumission au temps qui défait. *Les faits, le drame manquent un peu : et puis l'action est étendue dans un laps de temps trop considérable* [126]. Flaubert est le premier à le constater. Mais il ne s'agit pas d'un défaut ; c'est le drame même de ce livre qui découle de cette absence de drame. Et ce drame est au premier chef celui du Temps.

Vieillissement, retour à l'enfance, déchéance : les mouvements du livre correspondent aux obsessions de la maladie et de la mort. L'imagination de Flaubert ne cesse de rôder autour de ce que la vie offre de « chronique », dans le double sens temporel et pathologique du terme. Les débauches imaginaires ne galvanisent pas ; bien au contraire, elles sapent la volonté avant la dépense d'énergie. D'où ce sens de fatigue précoce, et même préalable, qui préside à toutes les démarches, à toutes les velléités : *... et ils étaient tristes comme après de grandes débauches.* Ou mieux encore : *... ces choses rêvées devenaient à la fin tellement précises, qu'elles le désolaient comme s'il les avait perdues* (I, 2, 5).

Tragique du temps, mais aussi poésie du temps, et notamment du souvenir. A l'alchimie de la mémoire, Flaubert a été sensible depuis son adolescence. *C'est une belle chose qu'un souvenir, c'est presque un désir qu'on regrette.* La séduction du funèbre, dans cette phrase écrite à Ernest Chevalier (Flaubert avait alors vingt ans !) est associée à la notion d'une survivance désincarnée. Plus tard le souvenir acquerra pour lui une valeur quasi spirituelle : *... les jours d'autrefois commencent à osciller doucement dans une vapeur lumineuse* [127]. Mais ce qui prédomine dans ce lyrisme temporel, c'est bien l'élément funéraire. De l'épisode de Fontainebleau se dégage une mélancolie particulière qui n'est pas celle d'une rêverie superficielle, mais d'une méditation sur *l'éternelle misère de tout* : le passé historique se manifeste par une *exhalaison des siècles, engourdissante et funèbre comme un parfum de momie...* (III, I). Ce n'est pas par hasard que l'idée de perte est si souvent chez Flaubert liée au désir d'embaumement ou d'empaillage.

Flaubert est sans doute le premier parmi les grands romanciers à avoir compris que le roman est essentiellement une expérience dans le temps. Aussi sa fiction est-elle axée non sur les événements, mais sur l'espace qui les sépare. Ce qui intéresse Flaubert ce n'est pas la crise, mais ce qui se passe entre les crises, ou plutôt, ce qui se passe au lieu de la crise. Rien d'étonnant à ce que ce soit cet aspect-là de son œuvre que Proust estimait le plus : les « blancs », les creux, les changements de vitesse, les fluctuations rythmiques du temps subjectif [128]. Chez Flaubert, comme chez Proust, les rapports du moi à autrui (et du moi au moi) sont rarement synchronisés. *Frédéric s'était attendu à des spasmes de joie... Le calme de son cœur le stupéfiait* (II, 1). Cette difficulté de synchronisation est dans la conception même de l'œuvre. Dans ses plans, Flaubert écrit : *Mais l'heure de l'accord est passée... Elle l'aime quand il ne l'aime plus* [129]...

Voilà pourquoi, sans doute, *l'Éducation sentimentale* n'est pas vraiment une œuvre narrative : il s'agit plutôt de blocs, de totalités qui s'intègrent plus ou moins bien. Au temps de la conception et de l'écriture, au temps subjectif des personnages, vient s'ajouter le temps de la lecture. L'expérience, l'action (?), la psychologie n'y sont pas des réalités que l'on peut abstraire et analyser. L'auteur propose plutôt un présent plus ou moins opaque, qui exclut toute possibilité de perspective réconfortante. Car le texte est au premier chef un vaste poème de la fragmentation et de l'indétermination. Plus encore que les éléments de sa biographie, c'est une disposition d'esprit, une structure mentale, que Flaubert nous y livre.

LA CONVOITISE DE L'INFINI

La « chambre
secrète »

La distance entre l'abattement et l'exaltation n'est jamais grande chez Flaubert : le désespoir et l'extase souvent coïncident. Voilà sans doute pourquoi l'image du saint – du saint passif, accablé, voire bête » – n'a cessé de hanter son imagination sous les costumes et dans les contextes les plus divers. Flaubert a vécu avec saint Antoine plus qu'avec n'importe lequel de ses personnages. C'est que les tentations de l'esprit, faisant défiler les phénomènes les plus hétéroclites, impliquent nécessairement la dialectique du mysticisme et du désespoir. Il s'agit en somme de bovarysme métaphysique. *Jamais tu ne connaîtras l'univers dans sa pleine étendue... car il faudrait d'abord connaître l'Infini !*

Baudelaire avait raison de dire que *la Tentation de saint Antoine*, dont il n'avait lu que les quelques fragments publiés en 1856, était la « chambre secrète » de l'esprit de Flaubert [130]. D'abord par l'intensité : jamais Flaubert n'écrit avec plus de ferveur que lorsqu'il s'occupe de son saint. *Je travaille comme un bœuf à* Saint Antoine. *La chaleur m'excite et il y a longtemps que je n'ai été aussi gaillard. Je passe mes après-midi avec les volets fermés, les rideaux tirés, et sans chemise,*

en costume de charpentier. Je gueule! je sue! c'est superbe.
Ferveur et même joie de l'écriture qui s'expliquent en partie
par la durée de la genèse et par l'intensité de l'obsession :
*... c'est une chose qui me pèse sur la conscience, et je n'aurai
un peu de tranquillité que quand je serai débarrassé de cette
obsession.* Lui-même parle de s'être *jeté en furieux* dans ce
travail, et de jouir d'une *exaltation effrayante* [131].

Il s'agit bien du travail d'une vie entière – la première
version est commencée en 1848, la deuxième date de 1856,
la dernière est publiée en 1874 ; creuset dans lequel Flaubert
a tout mis de lui : ses lectures de Gœthe, de Byron, de Quinet ;
ses souvenirs de théâtre de marionnettes, et de tableaux de
Breughel et de Bosch ; ses rêves d'assouvissement et ses
terreurs ; où il a fondu une érudition acquise tout exprès
pour cette œuvre. N'a-t-il pas dépouillé, entre autres, les
Mémoires ecclésiastiques de Tillemont, la *Patrologie* de Migne,
l'*Histoire du gnosticisme* de Matter, *les Religions de l'Antiquité*
de Creuzer ? Livre en élaboration permanente, texte qui ne
se ferme jamais sur lui-même, c'est aussi, en marge des
autres œuvres, un extraordinaire réservoir d'images et de
formes.

En fait, la genèse remonte à bien plus loin que 1848. Dès
1838, dans *la Danse des morts*, et surtout dans *Smarh* (1839),
Flaubert explore les thèmes et les techniques qui caracté-
riseront les différentes versions de *la Tentation*. Thèmes :
figures de Satan et de l'ermite, *libido sciendi* menant au
nihilisme, envol et chute icariens, amertume du savoir.
Techniques : dialogues dramatiques, panoramas historiques,
effets épiques et allégoriques, prose rythmée, imagerie grotesque. Pour Flaubert, ce n'était pas une question de mode
littéraire ; il y avait là pour lui quelque chose de fondamental.
D'où l'entêtement à remettre l'œuvre sur le métier, d'où
aussi l'essentielle permanence des motifs et des procédés.
Rien ne pouvait le décourager. Pourtant ses amis Louis
Bouilhet et Maxime Du Camp, lorsqu'en 1849 il les convo-
qua pour leur lire la première version, avaient tout fait pour
le convaincre d'abandonner à jamais ce projet. Sans doute,
l'exaltation de la lecture correspondant à l'exaltation de l'écriture, craignaient-ils pour la santé même de Flaubert.

Si l'on ne saurait parler de mode, du moins peut-on invoquer les formes de l'imagination romantique. *La Tentation
de saint Antoine*, vrai compendium de motifs, ne laisse aucun
doute quant à l'hérédité littéraire de Flaubert. On y retrouve

en particulier l'accouplement du lyrisme et de l'ironie – une ironie dans le sens baudelairien, qui associe la lucidité paralysante à l'angoisse solipsiste. L'œuvre fait écho à toutes les dissonances de l'époque en même temps qu'elle semble inventorier tous les clichés : paroxysme, violence, érotisme adolescent, ennui – un ennui lui aussi baudelairien, acédia qui entraîne la victime « loin du regard de Dieu », emprisonnement dans son moi qui le fait succomber dans l'accablement, la désolation, la stérilité.

D'où l'envie de fuite : le saint, au début du livre, suit d'un regard envieux les oiseaux migrateurs et les bateaux en partance. L'exotisme spatial et temporel correspond au besoin de lutter contre la pesanteur de l'ennui. Apollonius évoque des climats voluptueux où le temps et l'espace sont démesurément élargis : *Tu verras, dormant sur les primevères, le lézard qui se réveille tous les siècles...* (112) * Il l'invite à l'accompagner dans ce pèlerinage vers le sud : *... ton esprit s'élargira...* L'insatisfaction flaubertienne qui l'incite, ainsi que ses personnages, à vouloir être ailleurs, ainsi qu'autre qu'il n'est, mène droit aux rêves panthéistes de dissolution. On songe encore à Baudelaire parlant de ce *moi* insatiable du *non-moi* [132].

Tout fond et se confond ; cycles et métamorphoses sont les garants de l'instabilité, de la déchéance permanente. Ce n'est pas par hasard, ni par pure curiosité d'érudit, que Flaubert collectionne les données de l'évolutionnisme théologique, du syncrétisme. Si son œuvre prend l'allure d'un crépuscule des dieux, si, en se documentant, Flaubert consulte avec un intérêt tout spécial les légendes eschatologiques, celles qui annoncent une apocalypse, c'est que *la Tentation* est au premier chef un poème de l'évanouissement. Hercule a perdu sa vigueur ; le trident de Neptune ne soulève plus de tempêtes. Il en va ainsi de toutes les croyances, de tous les dieux. Et au-delà d'une démythification signifiant l'éternel retour au néant, c'est le procès de la culture qui est ici entrepris. La religion comparée, les études syncrétistes, les notions d'évolutionnisme théologique : autant d'efforts intellectuels d'un âge scientifique qui est aussi – et pour cela même – un âge du doute et du désespoir.

L'envers de ce scientisme angoissé c'est le goût de l'aberrant, du difforme. Le XIXe siècle redécouvre les monstres. Pour Flaubert, qui en est particulièrement fasciné, les monstruosi-

---

* Les chiffres entre parenthèses renvoient aux pages de l'édition Conard, comprenant les trois versions de l'œuvre.

tés dans la nature et dans l'imagination représentent les violations d'une loi, mais aussi la révélation, par un phénomène de rupture, d'une vérité profonde. Tout se passe comme si le difforme tendait à servir et à démontrer le principe d'unité. Bien avant son saisissement devant le Brueghel du palazzo Baldi à Gênes, et l'émotion que lui procura ce tableau où les tentations les plus monstrueuses assaillent saint Antoine, le jeune Flaubert se sentait attiré par l'anormal et les formes hideuses. Depuis toujours, le *grotesque triste* l'enchante et l'inquiète. Il y voit autre chose que du comique : à l'instar de Sade, il croit savoir que c'est la laideur qui est la chose extraordinaire. Cette supériorité de la hideur et de la dégénération flatte aussi son orgueil d'artiste : celui-ci, face au difforme et à l'informe, doit imposer son propre ordre. D'autre part, l'attirance du chaos et de l'horreur ne signifie-t-elle pas le désir de transcendance? Flaubert reste convaincu qu'il s'agit bien d'une *convoitise de l'infini* [133].

Ambivalence romantique? Il est certain que, pour beaucoup d'esprits de cette époque, l'éclatement des structures et des valeurs suscite la nostalgie d'une invisible mais fondamentale unité. La conception, par l'imaginaire, d'un monde hallucinatoire correspond à une tension entre le sens de l'absurde et l'attente d'un secret qui viendrait l'exorciser. Les accouplements de hideurs seraient alors les répondants d'un lien secret avec la nature. Le romantisme a vécu en profondeur ce drame de la discordance, opposant, dans les mêmes esprits et jusque dans les mêmes œuvres, le désespoir aux aspirations les plus exigeantes.

Dilemmes du romantisme

La Tentation de saint Antoine illustre les antithèses fondamentales du romantisme. Si les différents états du texte peuvent servir de point de départ pour une étude clinique de l'auteur (... *j'assemble dans ma concupiscence ce qui m'a plu, ce qui me plaira, le regret, l'espoir, le rêve et le souvenir*, explique la Luxure dans la version de 1849), ils n'en éclairent pas moins des formes d'imagination dépassant son cas particulier. Quatre thèmes majeurs du romantisme s'y répondent, avec leurs contradictions internes : la Solitude considérée comme souffrance ou comme privilège et rédemption (on reconnaît le mythe de la prison heureuse) ; la Connaissance se proposant comme principe de joie et d'orgueil prométhéens, ou comme maladie et malédiction ; le Temps ressenti comme une dynamique du devenir ou comme principe de désintégration ; la Nature subie en tant que force hostile, ou aimée comme source d'harmonie secrète et promesse de communion.

Par définition, le sujet de *la Tentation* tourne autour de la question de l'érémitisme. Rien de plus personnel pour Flaubert : la retraite monacale a été l'une de ses tentations les plus persistantes. *Mes tendresses d'esprit sont pour les inactifs, pour les ascètes, pour les rêveurs.* Quand il se demande *ce qu'il y a en lui*, sa réponse vient tout naturellement : *Ce qu'il y a de sûr, c'est qu'il y a du moine* [134]. Or, Antoine vit la contradiction de son état d'ermite, il en connaît la profonde ambivalence dans la mesure où les joies de l'ascétisme se soldent par la terreur et la mauvaise foi. Ambivalence que Flaubert connaît lui aussi de longue date. Dès ses œuvres d'adolescence, dès *Novembre* en particulier, il insiste sur le péché d'orgueil dans l'isolement (*... car je trouvais que ma solitude me faisait beau...*), sur les périls du solipsisme (*... je me renfermai et me roulai sur moi-même*), sur les rapports entre l'onanisme et les *voluptés de la pensée*, sur les débilitantes frénésies de l'imagination. Son saint voudrait se libérer : *Oui! oui! ma pensée se débat pour sortir de sa prison. Il me semble qu'en ramassant mes forces j'y parviendrai. Quelquefois même, pendant la durée d'un éclair, je me trouve comme suspendu; puis je retombe* (49). Curieux rapport, et souvent noté par Flaubert, entre les débauches imaginaires de l'onaniste et le principe même de pensée et de connaissance. Duplicité créatrice à laquelle l'ermite se livre, et que dénonce Hilarion avec toute la logique et toute la lucidité du diable : *Hypocrite qui s'enfonce dans la solitude pour se livrer mieux au débordement de ses convoitises! Tu te prives de viandes, de vin, d'étuves, d'esclaves et d'honneurs; mais comme tu laisses ton imagination t'offrir des banquets, des parfums, des femmes nues et des foules applaudissantes! Ta chasteté n'est qu'une corruption plus subtile...* Vrai réquisitoire que Flaubert semble diriger contre lui-même.

C'est que la mise en garde n'est pas contre une facile sensualité. Ce n'est pas par hasard que Hilarion apparaît à Antoine transfiguré, lumineux, et immensément grandi. *Mon royaume est de la dimension de l'univers; et mon désir n'a pas de bornes.* Car ce diable s'appelle la Science, et la tentation dont il s'agit n'est autre que la *libido sciendi*. Cette voracité de l'intellect promet d'abord des sensations délicieuses : *... tu sentiras*

augmenter ta joie, d'après cette découverte du monde, dans cet élargissement de l'infini. Exaltation de l'esprit liée à l'exaltation des sens : on dirait que Flaubert associe érotisme et démarche épistémologique. *Je veux savoir tout, je veux entrer jusqu'au noyau du monde* (350). La recherche du dépassement par la connaissance assume d'abord un caractère voluptueux. *Au-delà des voluptés gît la Volupté !* (374) Et cette érotisation prend aussi la forme faustienne d'un complexe de puissance : *... étreins la Nature par chaque convoitise de ton être, et roule-toi tout amoureux sur sa vaste poitrine* (433). En somme, le conseil de la Luxure correspond aux désirs les plus « intellectuels » du saint. *Si je pouvais pénétrer la matière, embrasser l'idée, suivre la vie dans ses métamorphoses, comprendre l'être dans tous ses modes...* (349).

Car le désir infini, en termes flaubertiens, n'est en définitive rien autre que le désir de l'infini. Seulement les joies promises, ou même éprouvées, cèdent bien vite au désespoir. Le saint apprend à reconnaître qu'il ne connaîtra rien tant qu'il n'aura pas tout connu. D'où les nombreuses images de verticalité, d'ascension, inévitablement suivies de la terreur de la chute. *Assez ! assez ! J'ai peur ! Je vais tomber dans l'abîme.* Le mythe d'Icare vient compléter ceux de Prométhée et de Faust. Or, la connaissance et la mort sont liées sous la forme d'une autre tentation : le désir d'atteindre à l'infini par l'anéantissement. Baudelaire, une fois de plus, fait écho à cette aspiration d'Éros vers l'infini. Ses amantes saphiques ne sont-elles pas des « chercheuses d'infini » – et cela précisément dans un paysage de tentations associé à saint Antoine ? Quant à l'invitation de la Mort dans la version de 1849, elle fait songer à la fin du poème « le Voyage » : même plongée au fond du gouffre à la recherche de l'Inconnu et du *nouveau*. *Si tu veux le néant, viens. Si tu veux la béatitude, viens ! Ténèbres ou lumières, annihilation ou extase, inconnu quel qu'il soit... Allons, partons...*

L'évasion romantique est toujours associée à une notion tragique du temps. Cette interdépendance spatio-temporelle est ressentie de façon particulièrement aiguë par Flaubert. Depuis son adolescence il ne fait que constater la séparation des instants : angoisse qui explique du coup son si vif intérêt pour l'Histoire – mais une Histoire conçue comme une suite de momifications. L'emblème en pourrait être cette image des dieux égyptiens qui, au dire d'Isis, se sont transformés en statues surveillant l'éternité. *Égypte ! Égypte ! tes grands Dieux immobiles ont les épaules blanchies par la\fiente| des oiseaux, et*

le vent qui passe sur le désert roule la cendre de tes morts ! Si,
dans le contexte flaubertien, on peut concevoir un mouvement
dynamique, ce devenir, qu'il s'agisse d'évolutionnisme théologique ou biologique, est rendu futile par un progressif épui-
sement des phénomènes : lassant renouvellement du processus
de déchéance. C'est bien la leçon de Hilarion : *Mais la vie
s'épuise, les formes s'usent* (122).

Même ambiguïté, mais plus intensément développée, dans
les considérations sur la nature. Ici Flaubert rejoue dans sa
« chambre secrète » un drame fondamental au romantisme.
D'une part, la notion d'une nature maternelle et aimante ; de
l'autre, la conviction que cette nature est hostile à l'homme, ou
tout au mieux indifférente à ses maux. C'est à la lumière de
cette opposition de base – opposition que symbolisent les
noms de Sade et de Rousseau – qu'il faut lire les pages « spinozistes » dans les différentes versions de *la Tentation*. Flaubert
lui-même parlait de sa *faculté panthéistique*. Il est certain que
dès son adolescence il éprouve à diverses reprises la sensation
exaltante de participer au mouvement de la nature, de *devenir*
la nature : son goût de l'évanouissement, de la dissipation,
de la fusion et de la confusion, s'explique en partie par là. Ses
lectures spinozistes, après que son ami Le Poittevin l'eut
initié, ont-elles été aussi considérables qu'il a aimé à le laisser
entendre ? On peut en douter. Il est certain toutefois que dans
les trois versions du livre, dont le texte définitif est dédicacé
à la mémoire de Le Poittevin, il y a de véritables « leçons » de
spinozisme. Ces leçons, typiquement présentées en plein vol
cosmique, insistent sur l'unité et l'éternité de la substance,
sur les notions de panpsychisme et d'immanence, ainsi que
sur l'impossibilité d'abstraire le principe divin du monde dans
lequel il se manifeste partout et toujours. Cette vision moniste
abolissant toute distance entre l'objet et le sujet, et qui fait
disparaître tout intervalle, tend aussi – on voit le rapport avec
les techniques flaubertiennes et le thème du bovarysme – à
télescoper le rêve et la réalité. *Être la matière :* tel est le souhait
final du saint. Cri de ferveur panthéiste, est-ce cependant
tout à fait un cri de joie ?

Il est vrai qu'Antoine veut avoir des ailes, qu'il désire se
diviser, se multiplier, s'annihiler pour devenir la chose de
Dieu. Mais justement ce désir se prête à des interprétations
divergentes, et le passage final de la version de 1874 est l'un
des plus difficiles dans toute l'œuvre de Flaubert. A Edmond
de Goncourt il aurait même parlé de la « défaite finale » du

saint – défaite qui serait due à la cellule scientifique [135]. Antoine, tout à la fin, contemple effectivement les vibrations de masses microscopiques de protoplasme. Mais pourquoi le mot défaite? Du reste, il est curieux que le professeur de spinozisme ne soit autre que le Diable, et cela dans les trois versions.

« Il n'y a pas de but »
Détail de *la Tentation de saint Antoine*,
de Jacques Callot (Bibliothèque Ste-Geneviève).

Le panthéisme assumerait-il ici une fonction subversive ? On serait tenté de le croire : dans la version de 1849 le désir de *pénétrer la matière* est exprimé par la figure caricaturale de la Science glissant des paroles trompeuses à l'Orgueil (349). Toujours est-il que les notions panthéistes sont ici paradoxalement au service du pessimisme flaubertien. La négation de l'épigénèse implique un matérialisme écrasant, ainsi que l'indifférence de Dieu. *Sans doute le mal est indifférent à Dieu puisque la terre en est couverte* (175). La leçon spinoziste va même jusqu'au nihilisme : *Il n'y a pas de but* (171). Le Diable, au nom de cette philosophie, affirme la totale futilité de la prière, faisant du coup ressortir le côté dérisoire de la dernière phrase du texte : *Antoine fait le signe de la croix et se remet en prière.* Ce refuge dans le geste mécanique est en effet la conclusion des trois versions.

Défaite ou victoire ? Le problème n'est pas là. Le saint de Flaubert incarne un conflit qui est essentiellement celui de l'artiste à l'époque romantique : la défaite y est la rançon d'une victoire. Tout à la fois affligé et fier d'un divorce fondamental, l'artiste rêve nostalgiquement d'un art qui serait le miroir de la nature, rêve d'une impossible réconciliation entre le langage et la réalité ; cependant que son orgueil lui fait précisément entrevoir le prestige d'un art qui serait une anti-nature, d'un langage qui serait un phénomène autonome, d'une expression esthétique qui serait, par définition, une forme de protestation et de révolte. Si Antoine se complaît dans son angoisse devant l'indifférence et la prolifération insensée de la nature prodigant d'infinies variétés d'animaux *... il y en a qui accouchent, d'autres copulent, ou d'une seule bouchée s'entre-dévorent...* (408), c'est que les principes de multiplication et de discontinuité soulèvent le grand problème de la forme : *... pourquoi les Formes sont-elles variées ?* (187).

Pourquoi tout cela ?

L'expérience tragique d'Antoine et de Flaubert est due à une optique de la contingence : entre tous les phénomènes existe une solution de continuité. Optique qui est certes aussi une inspiration comique et grotesque. Le hiatus entre les phénomènes refuse à être comblé. L'impossible accouplement du Sphinx et de la Chimère symbolise cette béance : *... tu ne fondras pas mon granit*, affirme le Sphinx ; *Tu ne me saisiras* *pas...,* aboie la Chimère à la queue de dragon (188). Cet éternel divorce reflète, sur le plan de la thématique personnelle de l'auteur, les exigences inconciliables de la réalité et du rêve. Métaphysiquement, les vains efforts de coït soulignent l'impossibilité de fusionner l'éternelle accumulation de phénomènes en un tout homogène et significatif. *La Tentation de saint Antoine* s'affirme ainsi comme un exercice du discontinu aboutissant à une véritable « nausée » existentielle. Antoine voudrait que la substance fût unique ; mais « les formes » se refusent à cette unité.

Pourtant, sur le plan littéraire – et c'est bien là pour Flaubert l'évidence de la priorité de l'art sur la nature – il y a accord entre le signifiant et le signifié. Les diverses techniques collaborent : techniques de fragmentation, de profusion, de télescopage, de métamorphose. *La Tentation* se présente comme une succession de scènes ; Flaubert lui-même parle des *échafaudages dramatiques* qui prennent la forme d'indications scéniques, de monologues, de dialogues, de tableaux qui surgissent et disparaissent à une allure souvent vertigineuse. On pourrait invoquer la genèse de l'œuvre : Flaubert, au départ, aurait songé à lui donner la forme d'un poème dramatique. Et cependant il avait peu de goût pour le style théâtral. Ce qu'il en dit est révélateur. *Quelle vilaine manière d'écrire que celle qui convient à la scène ! Les ellipses, les suspensions, les interrogations et les répétitions doivent être prodiguées... et tout cela en soi est fort laid* [136]. Mais, justement, la *vilaine manière* sert ici, à travers un texte littéraire, à nier tout d'abord l' « ordre » de la littérature, c'est-à-dire à devenir la métaphore des principes de fragmentation et de profusion. L'atmosphère de kermesse, avec ses spectacles simultanés, les cris des montreurs, les appels des charlatans *(Entre chez nous pour boire l'immortalité !)*, évoque sans doute la foire de Saint-Romain à Rouen, où le jeune Gustave avait vu jouer le mystère de saint Antoine. Mais cette ambiance de bazar charnel et philosophique implique aussi la maladie du catalogue, un encyclopédisme délirant, qui font que tout s'ajoute sans se lier.

Car l'accélération n'est pas la continuité, le télescopage n'est pas l'harmonie. Les images se déchaînent, se fondent, disparaissent. *Leur mouvement s'accélère. Elles défilent d'une façon vertigineuse. D'autres fois, elles s'arrêtent et pâlissent par degrés, se fondent ; ou bien, elles s'envolent et immédiatement d'autres arrivent* (15). Instabilité et mutation des objets et des idées causant, chez le lecteur moderne, une impression presque cinématographique que viennent renforcer des effets de *fade-in* : nous glissons du discours au rêve, du conscient à l'inconscient, avec la facilité factice du cinéaste transmutant une image en une autre.

Ce principe de métamorphose, lié à l'obsession de l'amorphe est fondamental chez Flaubert. Il en résulte un défilé d'anatomies inouïes. Mais le mélange monstrueux de membres et de corps disparates, d'organes sans rapports avec les fonctions, ne permet de dévoiler aucun secret cosmique. La reine de Saba a beau promettre d'incarner à elle seule *toutes les formes entrevues,* de révéler en sa personne *une succession de mystères,* elle disparaît à son tour dans cette chorégraphie de l'absurde. Son message se résume à un hoquet convulsif. Son apparition et son évanouissement ne font que s'insérer dans une séquence de projections et de transformations essentiellement « surréalistes »... *les objets se transforment. Au bord de la falaise, le vieux palmier, avec sa touffe de feuilles jaunes, devient le torse d'une femme penchée sur l'abîme, et dont les grands cheveux se balancent.* Ou encore l'inquiétante et poétique animation d'une nature morte au début de la deuxième partie de la version définitive : *Les vins se mettent à couler, les poissons à palpiter, le sang dans les plats bouillonne, la pulpe des fruits s'avance comme des lèvres amoureuses...*

Ces visions oniriques reproduisent les ellipses typiques du rêve, notamment dans la fantasmagorie cataleptique qui transporte Antoine à Alexandrie : *Tout à coup les rues se vident... – Tout à coup... Antoine aperçoit de grosses lignes noires... – Puis il est perdu dans une succession d'appartements. – ... tout de suite, sans préambule, ils se racontent des*

« *... les objets se transforment* »
Panneau central du triptyque de Jérôme Bosch (Musée National, Lisbonne).

événements. Paul Valéry reprochait à Flaubert d'avoir perdu le sens de l'ensemble, d'avoir manqué un grand et beau sujet en s'égarant dans une « diversité de moments et de morceaux [137] ». Mais justement – et l'on s'étonne que Valéry ne l'ait point vu – ce morcellement correspond au thème central de l'œuvre : la terreur devant le discontinu et l'amorphe. La débauche de formes, l'inépuisable prolifération de phénomènes incompatibles, ne cessent de confondre le saint : *... Comme il y en a!* s'écrie-t-il, épuisé par le spectacle, dans la version de 1849. *Quelle quantité! que veulent-ils?* – tel est l'écho dans la version définitive (121). Les pygmés, dans la version de 1849, expliquent : *... nous grouillons sur la terre comme la vermine sur le dos d'un gueux* (400). Les monstres marins épouvantent Antoine : *... quelle variété! quelles formes!* (407). Toute cette profusion chaotique semble *l'œuvre d'un Dieu en délire* (56).

Ce qui ressort le plus clairement de cette généreuse anarchie, de cette hypertrophie cosmique, c'est l'impossibilité d'être. L'une des nombreuses divinités, devant la lassante prolifération, résume ce désespoir : *... multiplier les formes par elles-mêmes, ce n'est pas produire l'être* (448-449). Antoine prend ce désespoir à son propre compte : *pourquoi tout cela? la drôle de chose! la drôle de chose!* Sentiment de superfluité intégrale et de non-sens : les formes au pluriel mettent en péril les notions mêmes d'ordre et de création. *J'ai pris en dégoût la forme.* Mais ce dégoût explique aussi une réaction inverse. L'art devient une gageure capitale, l'unique défi possible à la création.

La contingence et l'horreur de la chair

« L'essentiel c'est la contingence », constate Antoine Roquentin dans *la Nausée* de Sartre. Cette boutade philosophique s'applique exactement à la perception de l'Antoine flaubertien. Sur ce point les affinités de Flaubert avec la vision de l'absurde existentiel sont éclatantes. Lui aussi tend à discréditer l'humanisme chrétien dans la mesure où l'homme, selon lui, ne surgit pas justifié.

Il n'est que trop tentant, toutefois, d'insérer Flaubert dans un large courant moderne, de l'expliquer par la rupture des genres traditionnels, par une perspective historiciste sur la foi, par l'esthétisme décadent de sa génération. En fait, une

œuvre obsessionnelle comme *la Tentation de saint Antoine* reflète au premier chef, bien que dans des cadres reconnaissables, une sensibilité existentielle qui n'est nullement jouée. *Quel est le but de tout cela ?* demande Antoine angoissé. *Il n'y a pas de but !* explique le Diable. Réponse effrayante entre toutes, puisqu'elle implique une œuvre (la création) très littéralement en état de défaite perpétuelle. Voilà pourquoi les figures allégoriques de la Mort et de la Luxure cherchent ensemble la *dissolution de la matière* et l'*éparpillement des germes*. De tous les appels, celui de la Mort est peut-être le plus atroce : *Féconde ma pourriture !* On retrouve là cette haine intime de la chair si typique de Flaubert.

Qu'un état de symbiose existe entre lui et sa *Tentation*, Flaubert l'a assez dit. *J'ai été moi-même dans* Saint Antoine *le Saint Antoine.* Œuvre intime s'il en fut : *La Tentation a été pour moi et non pour le lecteur.* Il n'est pas jusqu'à l'érotisme exacerbé qui ne marque le rapport si troublant, chez Flaubert, entre création littéraire, sexualité onaniste, et maladie. Il prétend écrire pour *mettre en rut les plus froids.* Mais il sait aussi le prix de cette autostimulation. *Ma maladie de nerfs a été l'écume de ces petites facéties intellectuelles. Chaque attaque était comme une sorte d'hémorragie de l'énervation. C'était des pertes séminales de la faculté pittoresque du cerveau, cent mille images sautant à la fois, en feux d'artifice.* Le rapport entre l'assaut d'images que subit Antoine et sa propre *maladie de nerfs*, qui date de 1844, est d'ailleurs explicite. *Je m'en vengerai à quelque jour, en l'utilisant dans un livre (ce roman métaphysique et à apparitions dont je t'ai parlé). Mais comme c'est un sujet qui me fait peur, sanitairement parlant, il faut attendre* [138]...

Mais justement la peur de la maladie, comme la peur d'un mal sacré, implique une exaltation des sens en même temps qu'un dégoût charnel. Au demeurant, la séquestration qu'exige ou que permet la maladie se transforme aisément en une réclusion spirituelle qui satisfait les exigences de claustration monacale, tout en exacerbant l'appétit de jouissances. Réclusion, ascétisme voulu ou consenti, exaspération devant les débauches de l'esprit : on voit pourquoi, de façon consciente ou inconsciente, le personnage flaubertien archétypique prend si souvent figure de saint.

L'horreur devant les cycles naturels de la procréation et de la putréfaction, la profonde méfiance devant la vie (et devant les promesses de bonheur), rapprochent Flaubert d'un certain pessimisme chrétien. Il arrive à écrire à Louise Colet : *... il ne faut jamais penser au bonheur... La conception du paradis est au fond plus infernale que celle de l'enfer.* Et de façon plus claire encore, à propos de son attitude blasphématoire devant la vie : *Je suis un catholique ; j'ai au cœur quelque chose du suintement vert des cathédrales normandes* [139].

La *Correspondance* est remplie d'imprécations contre les servitudes du corps, contre les hideurs de l'existence. *Il arrive un moment où* l'on a besoin de se faire souffrir, *de haïr sa chair, de lui jeter de la boue au visage* [140]... Mais c'est dans la *Tentation de saint Antoine* que l'on trouve les plus puissants échos, symbolisés et allégorisés, de cette haine orgiaque de la chair. Les divers hérésiarques approuvent Antoine : *Peur de la chair, n'est-ce pas ? comme toi nous la fuyons, nous la mortifions, nous l'exécrons. Elle est mauvaise...* (250). Et encore : *N'es-tu pas fatigué du corps qui pèse sur ton âme et qui la courbe comme un cachot trop étroit ? Démolis donc ta chair...* (273). Appel à la destruction, encouragement au suicide : violence et goût du martyre apparaissent comme les moyens supérieurs pour atteindre à la paix. *J'abandonne la sale auberge de mon corps, maçonnée de chair, rougie de sang, couverte d'une peau hideuse, pleine d'immondices ; − et, pour ma récompense, je vais enfin dormir au plus profond de l'absolu, dans l'Anéantissement* (87). L'acte sexuel lui-même finit par ressembler à un évanouissement dans *la chair molle*. Le saint devient le spectateur angoissé d'une véritable épidémie d'émasculation (*Ma virilité me fait horreur !* s'exclame Atys qui donne l'exemple), et assiste à un *tourbillon de chairs ensanglantées*.

Le rapport entre le sadisme, le goût du suicide, et le rêve du martyre, s'exprime de la façon la plus aiguë dans les nombreux passages où la débauche (essentiellement sexuelle) aboutit à une autodestruction rédemptrice. Vénus est grande parce qu'elle *tue la chair* (309). Les Nicolaïtes prescrivent l'orgie comme une thérapie spirituelle : *Gorge ta chair de ce qu'elle demande. Tâche de l'exterminer à force de débauches* (59). Peu de textes du XIXe siècle illustrent de façon plus stridente les exigences du sado-masochisme. Les « voix » qui l'incitent à l'homicide (*Tu les égorgeras, va, tu les égorgeras*, 15)

semblent déjà s'adresser à cet autre saint à vocation de meurtre, saint Julien! Il faut dire que saint Antoine ne se prive pas. Il rêve de retrouver tous ses ennemis : ... *avant de les tuer, il les outrage, il éventre, égorge, assomme, traîne les vieillards par la barbe, écrase les enfants, frappe les blessés.* Dans la même séquence se déroulant dans une Alexandrie de cauchemar, il fait jaillir le sang jusqu'aux plafonds. *Antoine en a jusqu'aux jarrets. Il marche dedans; il en hume les gouttelettes sur ses lèvres, et tressaille de joie à le sentir contre ses membres, sous sa tunique de poils, qui en est trempée.* Mais ces souffrances infligées à autrui, cette volupté dans la cruauté, se confondent avec le désir d'autopunition, la joie de la macération de son propre corps. *Sifflez lanières, mordez-moi, arrachez-moi! Je voudrais que les gouttes de mon sang jaillissent jusqu'aux étoiles, fissent craquer mes os, découvrir mes nerfs! Des tenailles, des chevalets, du plomb fondu!* Masochisme d'autant plus caractérisé que la flagellation (il imagine au demeurant d'être attaché auprès d'une femme nue que l'on fouette à mort) se termine par l'autopollution : ... *Mais voilà qu'un chatouillement me parcourt. Quel supplice! quels délices! ce sont comme des baisers. Ma moelle se fond! je meurs!* (28-29). Sur le plan des idées, il n'est pas surprenant que ce soient précisément les sectes hérétiques qui préconisent l'anéantissement de la chair. Les conseils hérétiques viennent ici rejoindre la grande hérésie flaubertienne, celle dont se plaignait Gide lorsqu'il déplorait son « blasphème permanent » contre la vie [141]. Flaubert a été parfaitement conscient de la nature de cette hérésie (*Quelle haine de la vie il faut avoir! A moins que l'orgueil ne les pousse?* 88), et cela d'autant plus que le refus orgueilleux des conditions de la vie, soit par le dépassement *(le besoin d'une volupté surhumaine)*, soit par le suicide, constitue l'élément de base du bovarysme.

« *Quelle haine de la vie il faut avoir!* »
Détails du volet droit du triptyque de
◀ Jérôme Bosch (Musée National, Lisbonne). ▶

Car le bovarysme implique les aspirations de l'esprit autant que celles des sens, marquant du coup le cousinage en profondeur de personnages aussi différents qu'Emma, Antoine, saint Julien, Bouvard, et Pécuchet. Rêves d'immensité, hantise du non-être : Antoine résume en sa personne cette double exigence. *Ma conscience éclate sous cette dilatation du néant* (176). Car il s'agit essentiellement d'un drame de la conscience, pour ne pas dire de l'intellect. Voilà sans doute pourquoi, au-delà des plaisirs de l'exaspération, Flaubert a été si attiré par *la bêtise*. Voilà aussi pourquoi, par tant de côtés, *la Tentation* annonce *Bouvard et Pécuchet* : ce ne sont pas les tentations de l'expérience, mais celles de la connaissance qui donnent l'assaut le plus redoutable. Valéry estimait que Flaubert, dans *la Tentation*, avait « perdu la pensée stratégique » ; il déplorait cette « bibliothèque vertigineusement déchaînée ». En attirant l'attention précisément sur l' « onirisme érudit » de cette œuvre, Michel Foucault a su mettre en relief le vrai lieu de la tentation : le livre.

C'est encore le diable qui, à la fin de la VIe partie, suggère que, derrière toute expérience et derrière toute connaissance, il n'y a peut-être « rien ». Il ne fait qu'exprimer une angoisse permanente de l'humanisme moderne. Le mal encyclopédique est peut-être fatal : au fond de tout savoir n'y a-t-il pas négation ?

A travers cette lutte avec le démon de l'expérience et de la connaissance, Flaubert vise plus ou moins consciemment l'arrogance d'une société qui sanctifie l'accumulation. Mais dans cette lutte où la pléthore est un principe de corruption, où la nostalgie de tout ce qui est immense s'avère comme une foncière débilité, la bêtise, la simplicité, et les rêves d'absolu se rencontrent. D'où les avatars du « saint » dans l'œuvre de Flaubert : naïvement et merveilleusement à la recherche de quelque chose de meilleur, il (ou elle) en occupe le centre. Flaubert le sait d'ailleurs. Ayant enfin terminé *la Tentation de saint Antoine*, ayant donné sa version de la légende de saint Julien l'Hospitalier, et raconté l'histoire de Félicité dans *Un cœur simple*, il entreprend celle de saint Jean-Baptiste dans *Hérodias* : *Après saint Antoine, saint Julien ; et ensuite saint Jean-Baptiste ; je ne sors pas des saints.* Et plus ironiquement : *... Je trouve que, si je continue, j'aurai ma place parmi les lumières de l'Église. Je serai une des colonnes du temple* [142].

LES AVATARS DU SAINT

... Le passé
me dévore

Le troisième remaniement de *la Tentation de saint Antoine*, entrepris en 1869, correspond au début d'une période particulièrement sombre pour Flaubert. Il s'était plongé dans ce travail avec une sorte de fureur : ... *pour ne plus songer aux misères publiques et aux miennes.* Mais la thérapeutique n'est que médiocrement efficace : ... *j'ai le cœur serré d'une façon qui m'étonne, et je roule dans une mélancolie sans fond, malgré le travail, malgré le bon* saint Antoine *qui devait me distraire* [143].

Les deuils et les misères s'accumulent en effet : mort de son grand ami Louis Bouilhet en 1869, défaite de la France en 1870 (les Prussiens viennent loger à Croisset!), destructions de la Commune et répressions sanglantes, mort de sa mère en 1872. A cela viendront s'ajouter d'autres causes d'amertume : l'échec de sa pièce *le Candidat*, le refus par l'Odéon de son autre pièce *le Sexe faible.* Bientôt de graves difficultés financières compromettront sa sécurité. Il est significatif que Flaubert associe *les misères publiques* aux souffrances intimes. La guerre et la défaite avaient ébranlé les meilleurs esprits ; pour Flaubert, les malheurs politiques venaient en outre confirmer une humeur cataclysmique. A George Sand il confesse : *Je ne crois pas qu'il y ait en France un homme plus triste que moi... Je meurs de chagrin, voilà le vrai et les consolations m'irritent... Quel effondrement ! quelle chute ! quelle misère ! quelles abominations ! Peut-on croire au progrès et à la civilisation devant tout ce qui se passe ? A quoi donc sert la science ? puisque ce peuple, plein de savants, commet des abominations dignes des Huns...* Mais bientôt il revient à lui-même : *Je n'ai plus de centre. La littérature me semble une chose vaine et inutile. Serai-je jamais en état d'en refaire* [144] ?

D'une part, et prophétiquement il faut dire, des visions d'apocalypse : *Les guerres de races vont peut-être recommencer. On verra, avant un siècle, plusieurs millions d'hommes s'entretuer en une séance.* D'autre part, la croyance que seuls les mandarins pourront sauver l'humanité... *C'est nous et nous seuls, c'est-à-dire les lettrés, qui sommes le Peuple, ou pour parler mieux, la tradition de l'Humanité.* Mais même cette croyance chancelle : *... la terre n'est plus habitable pour les pauvres mandarins !* Et la littérature elle-même – la *sacro-sainte littérature* – semble l'abandonner : vraie perte de foi. *Quant à la littérature, je ne crois plus en moi ; je me trouve vide, ce qui est une découverte peu consolante.* Séjournant à Concarneau avec le naturaliste Georges Pouchet, il se met à envier les hommes de sciences. *Heureux les gens qui s'occupent des sciences ! Cela ne vous lâche pas son homme comme la littérature* [145].

Cette crise morale et intellectuelle est aussi une crise d'âge. *Je ne suis ni chrétien ni stoïque. J'ai bientôt 54 ans. A cet âge on ne refait pas sa vie... L'avenir ne m'offre rien de bon...,* se plaint-il à Mme des Genettes. Et à sa nièce : *Penses-tu que, mardi prochain, Vieux aura cinquante-cinq ans !* Plus que jamais, il rumine sur son passé : *... le passé me dévore.* Tout lui semble relique. *Qu'as-tu fait du châle et du chapeau de ma pauvre maman ? Je les ai cherchés dans le tiroir de la commode et je ne les ai pas trouvés ; car j'aime de temps à autre à revoir ces objets et à rêver dessus. Chez moi, rien ne s'efface* [146].

La composition des *Trois contes* correspond à cet état général d'esprit. Il abandonne des projets, en souhaite d'autres. *Bouvard et Pécuchet étaient trop difficiles, j'y renonce ; je cherche un autre roman, sans rien découvrir. En attendant je vais me mettre à écrire la légende de saint Julien l'Hospitalier, uniquement pour m'occuper à quelque chose, pour voir si je peux faire encore une phrase, ce dont je doute* [147]. Mais, s'il abandonne provisoirement *Bouvard et Péruchet,* s'il se lance dans d'apparents exercices littéraires, il ne faut pas en conclure que ces

« *A cet âge on ne refait pas sa vie* ». Flaubert. Photo de Nadar.

contes ne présentent que de pures vertus techniques ou thérapeutiques. Derrière les sujets et les périodes les plus disparates (thème biblique, iconographie médiévale, ambiance contemporaine de province française), se révèle une unité, sinon de conception, en tout cas de ton et de motifs sousjacents. La tristesse et la nostalgie de ces années s'y reflètent – ainsi qu'une angoisse plus profonde, qui prend parfois la forme d'un remords.

... En rêve, son parricide recommençait

La Légende de saint Julien l'Hospitalier se propose à première vue comme une illustration parfaite de la théorie de l'impersonnalité. Le recul mythique, l'inaccessibilité d'un héros qui se situe à la limite de l'humain, l'étalage d'une érudition pittoresque, l'exploitation d'une légende déjà formée – tout concourt pour suggérer le maximum de distance entre l'auteur et sa matière littéraire. Flaubert lui-même a pu croire qu'il n'a voulu que rivaliser par les mots avec les images d'un vitrail. Une telle gageure avait de quoi le séduire! Flaubert connaissait bien entendu le célèbre vitrail de la cathédrale de Rouen ; il connaissait également l'ouvrage de son ami E. H. Langlois, *Mémoire sur la peinture sur verre et quelques vitraux remarquables des églises de Rouen*. Rien de plus aisé, en outre, que d'invoquer des sources textuelles (*la Légende dorée*, par exemple, ou le *Speculum historiale*) : les commentateurs en font régulièrement état.

Cependant la distance est une fausse distance – et cela tout d'abord pour des raisons d'ordre poétique. La vieille légende est très certainement riche en virtualités : le motif de la chasse, l'ambiance de conte de fées, l'image du large fleuve et de sa difficile traversée, l'élément naïf et miraculeux. Mais Flaubert a insufflé à cette matière pour ainsi dire anonyme une sensibilité et une poésie qui lui appartiennent en propre. Irréalité temporelle, rapide succession de tableaux, atmosphère de rêve : le mouvement, de même que dans *Salammbô* et *la Tentation de saint Antoine*, n'est ici le plus souvent qu'un rapide passage d'une forme d'immobilité à une autre. Le paysage lui-même semble figé, et les personnages qui évoluent dans ce décor de cauchemar ressemblent à des statues qui se déplaceraient au ralenti. Mais l'élément le plus « personnel » – et poétiquement le plus réussi – est celui qui, à travers ce texte, dégage une troublante poésie d'ombre et de silence. Les chambres du palais de marbre blanc sont *pleines de crépuscule* ; le silence est comme une musique imperceptible : *... partout un tel silence que l'on entendait le frôlement d'une écharpe ou l'écho d'un soupir.*

Du reste, les éléments intimes ne font pas défaut dans ce texte – la solitude du saint, sa vie auprès du fleuve *(... le grand fleuve, devant lui, roulait ses flots verdâtres)*, ses visites intermittentes à la ville hostile : *Le besoin de se mêler à l'existence des autres le faisait descendre dans la ville. Mais l'air bestial des figures, le tapage des métiers, l'indifférence des propos glaçaient son cœur.* Derrière la rétractilité du personnage, au sein de son isolement, se devine une crise de la volonté. La simplicité de Julien, le rythme apparemment inéluctable du récit, son déroulement pour ainsi dire parataxique, l'absence presque totale de déterminisme psychologique – tout suggère le sentiment d'impuissance et le recul devant l'action qui caractérisent la vision fondamentale de Flaubert. L'image de la paralysie semble liée aux moments qui exigeraient le maximum d'action. *Il restait au milieu, glacé de terreur, incapable du moindre mouvement.* Crise de la volonté qui se manifeste parallèlement à un dégoût de vivre, à un sens du péché même d'exister. *Sa propre personne lui faisait tellement horreur...*

Des échos précis, dans la *Correspondance* de cette époque, confirment la valeur autobiographique des pages les plus pathétiques de ce conte. L'empressement de saint Julien à quitter la ville tient largement à ce qu'il s'y sent coupable d'avoir refusé la vie, de s'en être volontairement exclu : *... il regardait le soir venu, par le vitrage des rez-de-chaussée, les longues tables de famille où des aïeux tenaient des petits enfants sur leurs genoux ; des sanglots l'étouffaient, et il s'en retournait vers la campagne.* La plus grave lâcheté devant l'existence n'est-elle pas le refus de paternité ? C'est bien ce dont Flaubert s'accuse dans une lettre à George Sand qu'il faut placer en regard de ce texte. *Ce que vous me dites dans votre dernière lettre de vos chers petits m'a remué jusqu'au fond de l'âme. Pourquoi n'ai-je pas cela ? J'étais né avec toutes les tendresses pourtant. Mais on ne fait pas sa destinée, on la subit. J'ai été lâche dans ma jeunesse, j'ai eu peur de la vie ! Tout se paye.* Et plus tard, à Mme Auguste Sabatier : *C'est une des mélancolies de ma vieillesse que de n'avoir pas un petit être à aimer et à caresser* [148].

Légende de saint Julien

Il est significatif que le conte de Flaubert (bien plus que les autres versions de la légende) tourne autour d'une situation familiale. Négation de paternité, parricide – ne s'agit-il pas de deux formes d'un même refus ? *Père* et *mère* sont en fait les tout premiers mots du texte de Flaubert. Les paragraphes du début ne font que souligner les valeurs familiales d'ordre, de sécurité, de paix. Le château paternel repose sur de fortes assises : tout suggère la solidité. Les toits des quatre tours sont recouverts d'écailles de plomb ; la base des murs s'appuie sur des quartiers de rocs : monde replié sur lui-même, et que protège une série d'enceintes. Et dans ce monde protégé, ordonné, se suffisant à lui-même, règnent un confort et une opulence qui sont la marque de la respectabilité : ... *les ferrures partout reluisaient : des tapisseries dans les chambres protégeaient du froid ; et les armoires regorgeaient de linge, les tonnes de vin s'empilaient dans les celliers, les coffres de chêne craquaient sous le poids des sacs d'argent.* Rien ne semble manquer dans ce petit univers bien réglé. Et cependant cette paix et cet ordre, le jeune Julien éprouve le besoin secret de les détruire, de les nier. A la sécurité s'oppose une sourde nécessité de révolte.

Le château familial, si bien pourvu, est une institution qui protège ; mais c'est aussi un lieu clos. Les murailles définissent l'îlot de sécurité, mais délimitent également la prison.

« *Réjouis-toi, ô mère ! ton fils sera un saint !* »

Le monde des tours, des haies, des enclos, est un monde privé, un monde intime ; il représente toutefois aussi une clôture, un microcosme fermé duquel on peut éprouver le besoin de s'évader, même si cette évasion-révolte doit prendre la forme d'un dangereux déchaînement.

On pourrait être tenté, si l'interprétation n'était par trop hasardeuse, de considérer les parents de Julien comme la polarisation symbolique de ceux de Flaubert. Il semble, en tout cas, que dans l'esprit du jeune Gustave, le docteur Flaubert, praticien énergique, incarnait l'activité, la responsabilité, le succès ; alors que la mère, qui devait bientôt être veuve, symbolisait les valeurs monacales : retrait du monde, méditation, sérénité. Cette polarisation est nettement articulée dans le conte. La mère est *très blanche et sérieuse. Son domestique était réglé comme l'intérieur d'un monastère...* Le père, en revanche, apparaît dans le triple rôle de guerrier, d'initiateur, et de juge : ... *il se promenait dans sa maison, rendait la justice à ses vassaux, apaisait les querelles...* C'est lui qui enseigne à Julien l'art de la vénerie. Mais, ironiquement, c'est avec l'épée même que son père lui a donnée que Julien manque de le tuer par accident avant de s'enfuir du château.

Toujours est-il que Flaubert a appuyé, consciemment ou inconsciemment, sur les éléments de sadisme infantile. La chasse devient pour l'enfant un prétexte à cruauté gratuite.

« ... ton fils ! ... beaucoup de sang ! ... beaucoup de gloire ! ... »

La *volupté sauvage* avec laquelle il étrangle l'oiseau blessé, la joie avec laquelle il fauche les deux pattes du coq et enfonce son poignard sous les côtes du bouc, l'adresse avec laquelle il assomme des grues avec son fouet – tout cela témoigne d'un lien indissoluble entre la souffrance infligée, la sexualité et le sens d'un interdit. Aussi la tristesse et la culpabilité sont-elles les rançons des assouvissements tumultueux. *Il contemplait d'un œil béant l'énormité du massacre, ne comprenant pas comment il avait pu le faire...* Et ayant tué le grand cerf, symbole patriarcal : *Julien fut stupéfait... un dégoût, une tristesse immense l'envahit.* C'est que, justement, il vient d'entendre la malédiction du cerf *patriarche* et *justicier*, qui lui prédit le parricide : *Maudit ! maudit ! maudit ! Un jour, cœur féroce, tu assassineras ton père et ta mère.*

Cet acte, ou pour mieux dire la hantise de cet acte, domine le texte de Flaubert. Le parricide – une donnée de la légende originelle – n'est pas ici un simple fait, mais une terreur latente et un remords obsédant. Des incidents surnaturels semblent annoncer un destin qu'on ne saurait éluder. L'épée lui échappe des doigts ; le javelot qu'il lance contre ce qu'il croit être une cigogne manque atteindre sa mère ; des animaux le guident vers le lieu du crime. En fait l'association des animaux, des parents et du crime œdipien est particulièrement

148

« Si je le voulais pourtant... »

frappante : ... *il lui semblait que du meurtre des animaux dépendait le sort de ses parents.* La nature passionnelle du meurtre – il tue ses parents qui sont au lit, dans un accès de jalousie sexuelle – confirme l'importance de ce réseau thématique, de ces images d'animaux et de bestialité. Symboliquement, le regard outragé et accusateur des animaux a sur Julien l'effet d'un reproche paternel. Dans la forêt sombre, des *yeux d'animaux* scintillent ; mais il est impuissant contre cette ubiquité du regard. Pas moyen de se défaire des animaux ; c'est eux qui finissent par poursuivre le chasseur. Leur lucide hostilité prend la forme d'une fatalité. *Une ironie perçait dans leurs allures sournoises.*

Un profond sentiment de culpabilité assombrit ce texte d'un bout à l'autre – une culpabilité antérieure à l'acte même du crime. Bien avant le geste sanglant, Julien vit dans la terreur de ses virtualités, de ses impulsions imprévisibles, de ses tentations réprimées. Il se révolte contre l'obsédante prédiction, et en même temps se soupçonne capable, donc déjà coupable : *Si je le voulais, pourtant ?...* Une fois le terrible méfait accompli, le remords le poursuit sous forme de métaphores effrayantes et de cauchemars : *Le soleil, tous les soirs, étalait du sang dans les nuages ; et chaque nuit, en rêve, son parricide recommençait.*

Docteur Achille-Cléophas Flaubert.

En essence, la *Légende de saint Julien l'Hospitalier* raconte l'histoire d'une « chute. » Mais ce qui distingue ce paradis perdu, c'est qu'il contient de longue date tout le potentiel de violence, c'est que la figure du « père » y assume une valeur trouble et troublante. D'une part, Julien voudrait être ce père ; mais d'autre part, ce père qu'il voudrait être ou remplacer, au lieu de nommer, tue : il subvertit la fonction. *Quelquefois, dans un rêve, il se voyait comme notre père Adam au milieu du Paradis, entre toutes les bêtes ; en allongeant le bras, il les faisait mourir...* Le geste ainsi que la figure du père deviennent équivoques. De même que sur la légende médiévale, Flaubert a greffé sur la structure préexistante d'une image biblique un sens tout particulier. Et c'est dans une large mesure cette valorisation spécifique des thèmes de la paternité et de la sainteté qui confère à sa version d'une vieille légende une résonance inquiétante et révélatrice.

Sartre, qui s'est penché sur le « cas » Flaubert avec une rare application, voit le père de Gustave, le médecin-chef de l'Hôtel-Dieu à Rouen, comme une présence écrasante. Le « terrible docteur » aurait dominé son fils, il aurait été responsable de sa passivité, de sa féminité, de sa vocation de moine-écrivain. L'esprit d'analyse paternel aurait provoqué son « idéalisme forcené », en rabattant ses aspirations vers la foi. Sartre amplifie sans doute l'influence pernicieuse du père, et le ressentiment du fils. Mais il n'est pas douteux que l'obsession flaubertienne du thème de la sainteté marque, en ses diverses formes, une nette crise de foi. Sartre rend directement responsable de cette crise « ce père écrasant qui n'a cessé, même mort, de détruire Dieu... ». Si vraiment, comme il est probable, le docteur matérialiste a entravé les aspirations idéalistes de son fils – si vraiment, pour reprendre l'image sartrienne, il a dans une certaine mesure réussi à « détruire Dieu » en lui – alors le thème du parricide, associé au thème de la sainteté, assume une signification toute spéciale.

Qu'il y ait du reste, dans l'esprit de Flaubert, un lien en profondeur entre la sainteté et la vocation de l'artiste – cela ne laisse pas de doute. Il ne lui est sans doute jamais arrivé, comme il arrive à Julien, de vouloir *employer son existence au service des autres*. Mais, très certainement, la vocation de l'artiste, pareille en cela à la vocation de sainteté, l'attire comme retraite et abnégation : une fuite de soi-même. N'est-ce pas là déjà la leçon de Jules, dans la première *Éducation sentimentale* ?

Tendresse et ironie

Dans *Un cœur simple*, le lien entre les éléments autobiographiques et le thème de la sainteté est plus étroit encore. L'année 1876 est une autre année de deuils et de dépression morale. En mars, c'est Louise Colet qui meurt : bien des souvenirs reviennent à la surface. Puis c'est la mort de son amie George Sand, celle pour qui il avait entrepris ce conte. Elle lui avait conseillé de faire de la littérature de consolation plutôt que de désolation. *J'avais commencé* Un cœur simple *à son intention exclusive, uniquement pour lui plaire. Elle est morte, comme j'étais au milieu de mon œuvre. Il en est ainsi de tous nos rêves* [149]. En lui, tout autour de lui, il ne fait que sentir déclin et désertion. Et les difficultés financières ne contribuent pas peu à sa *sombreur*.

Car pour empêcher la faillite de Commanville, le mari de sa nièce, Flaubert avait, entre autres sacrifices consentis, vendu sa ferme de Deauville. Expérience douloureuse : non seulement les noms mêmes de Deauville et Trouville sont lourds de souvenirs (parmi lesquels celui de la rencontre avec Mme Schlésinger), mais depuis toujours, dans son imagination, la vente forcée de la propriété symbolise la dégradation, la trahison du passé, la profanation. L'angoisse éprouvée par Frédéric durant la vente aux enchères à la fin de *l'Éducation sentimentale*, Flaubert devait ainsi la revivre dans sa vie privée avant de lui donner un écho dans *Un cœur simple*. Après la mort de Mme Aubain, ses meubles sont appropriés ou vendus par sa bru, et Félicité se retrouve dans la maison vide, *ivre de tristesse*.

La tristesse de Flaubert au cours de cette période se manifeste par un besoin accru d'amour, de tendresse. Les encouragements de George Sand sont tombés sur un terrain fertile. Lui-même voudrait écrire un conte émouvant. A Mme Roger des Genettes, il en décrit le ton : *Cela n'est nullement ironique*... *mais au contraire très sérieux et très triste. Je veux apitoyer, faire pleurer les âmes sensibles, en étant une moi-même.* Et il ajoute, comme pour confirmer le rapport entre l'ouvrage et l'amie décédée : *Hélas, oui ! l'autre samedi à l'enterrement de George Sand, j'ai éclaté en sanglots, en embrassant la petite Aurore, puis en voyant le cercueil de ma vieille amie.* Et plus tard, il constate avec satisfaction : *Cette fois-ci, on ne dira plus que je suis inhumain. Loin de là, je passerai pour un homme sensible* [150]...

Jardin de l'Hôtel-Dieu à Rouen (Musée de Rouen).

L'histoire de Félicité est en effet simple et émouvante. Flaubert en donne lui-même le résumé suivant : *L'Histoire d'un cœur simple est tout bonnement le récit d'une vie obscure, celle d'une pauvre fille de campagne, dévote mais mystique, dévouée sans exaltation et tendre comme du pain frais. Elle aime successivement un homme, les enfants de sa maîtresse, un neveu, un vieillard qu'elle soigne, puis son perroquet ; quand le perroquet est mort, elle le fait empailler, et en mourant à son tour elle confond le perroquet avec le Saint-Esprit* [151]. En somme, *Un cœur simple* narre l'histoire sans histoires d'une servante au grand cœur, être pauvre d'intelligence, mais riche dans son humilité et sa capacité de servir et d'aimer.

Il y a un autre conseil de George Sand que Flaubert semble avoir écouté, celui de puiser dans son propre passé à la recherche d'émotions intimes, de se nourrir « des idées et des sentiments amassés dans [sa] tête et dans [son] cœur [152] ». Le conte est rempli de détails évocateurs ; les personnages sont modelés sur les figures familières d'un passé estompé mais non évanoui. Mme Aubain ressemble à une vieille cousine, Félicité à une fille au service de la famille Barbey, Paul et Virginie jouent comme Flaubert enfant avait joué avec sa petite sœur Caroline, le marquis de Grémanville n'est pas sans ressemblance avec un grand-oncle lointain. Même le perroquet Loulou a existé : le capitaine Barbey l'avait ramené de l'un de ses longs voyages outre-mer.

Du reste Flaubert s'est consciemment plongé dans un bain de souvenirs pour écrire *Un cœur simple* : *... pour avoir des documents j'ai fait un petit voyage à Pont-l'Évêque et à Honfleur ! Cette excursion m'a abreuvé de tristesse, car forcément j'y ai pris un bain de souvenirs. Suis-je vieux, mon Dieu ! suis-je vieux !* Et l'acte d'écrire ce conte semble avoir augmenté sa nostalgie d'une époque révolue. Comme il comprend les doléances d'une vieille amie concernant les transformations subies par Trouville ! *Je vous remercie de détester la Trouville moderne... Pauvre Trouville ! la meilleure partie de ma jeunesse s'y est passée. Depuis que nous étions ensemble sur la plage, bien des flots ont roulé dessus. Mais aucune tempête... n'a effacé ces souvenirs-là.* Et il se demande s'il n'y a pas une alchimie de la mémoire. *La perspective du passé embellit-elle les choses ? Était-ce vraiment aussi beau, aussi bon* [153] *?*

Félicité, elle aussi, connaît la fidélité embellissante de la mémoire. Après la mort de son perroquet, elle le fait empailler et l'établit dans sa chambre. *Chaque matin, en s'éveillant, elle l'apercevait à la clarté de l'aube, et se rappelait alors les jours disparus, et d'insignifiantes actions jusqu'en leurs moindres détails...* L'empaillage de l'oiseau aimé ne vient d'ailleurs que confirmer le goût des reliques : après la mort de Virginie, elle réclame son petit chapeau de peluche déjà tout mangé de vermine. Ce goût, Flaubert le partage. C'est quelques mois à peine après avoir terminé *Un cœur simple* qu'il demande à revoir le chapeau et le châle de sa mère pour pouvoir *rêver dessus.*

Dans *Un cœur simple*, Flaubert s'offre l'amer plaisir de ressusciter de doux moments de son enfance, ceux-là en particulier qui appartiennent au temps privilégié des vacances. Quand Paul et Virginie, lors d'une visite familiale à la vieille ferme, rient de voir l'énorme seringue sur le dressoir en chaîne, quand ils s'étonnent et se réjouissent devant les écuelles d'étain, les pièges à loup, les forces pour les moutons, c'est que l'auteur lui-même se promène et fouille, amusé et triste, dans ses vieux souvenirs. Résurrection de moments plus élusifs encore : l'immobilité des heures de l'été, la mer. *Elle était brillante de soleil, lisse comme un miroir, tellement douce qu'on entendait à peine son murmure ; des moineaux cachés pépiaient, et la voûte immense du ciel recouvrait tout cela.* Nulle œuvre de Flaubert n'est plus chargée de poésie intime. Tout, jusqu'aux oursins et méduses que les enfants cherchent à marée basse, jusqu'aux flocons d'écume qu'ils tentent de saisir, revit ici dans une atmosphère lumineuse et protégée. ... *tout semblait vivre dans une douceur profonde.* Les lentes heures estivales endorment même le deuil.

Car *Un cœur simple* semble écrit sous le signe de l'été. Flaubert évoque le silence des grandes chaleurs, le refuge dans la chambre fraîche et obscure. En fait, l'été est le « temps » du conte. C'est au mois d'août que Félicité est brutalement initiée à l'amour lors d'une danse villageoise. C'est en juillet que son bien-aimé neveu Victor s'embarque pour La Havane. Sa propre mort a lieu parmi *l'odeur de l'été* et le bourdonnement des mouches. Retour et ressemblance des saisons, monotonie temporelle : plus encore que sous le signe de l'été, cette histoire où l' « événement » n'a pas de prise semble inscrite dans un temps mort. La première phrase du conte

le temps

en indique le rythme : *Pendant un demi-siècle...* Dès les premières pages, les indications temporelles renvoient à des images de décès, de moisissure, de demi-oubli. La maison, remplie d'objets surannés, semble en deuil ; dans le salon, toujours fermé, les meubles sont recouverts d'un drap. Les gravures ne sont là que comme *souvenirs d'un temps meilleur...* Cette pesanteur du temps est encore accrue par le visage *sans aucun âge* de Félicité, par la répétition uniforme des travaux et des jours. *Tous les jeudis... – Chaque lundi matin... – Quand le temps était clair... – En toute saison...* : le début des paragraphes annonce une dimension temporelle qui absorbe et annule tout événement.

vraiment ?

Signe du temps, signe de mort : le mari de Mme Aubain a disparu depuis longtemps. Puis tous les autres disparaissent à leur tour : les parents de Félicité, Victor, Virginie, les amis de Mme Aubain *(... et les anciennes connaissances peu à peu*

Honfleur, Maisons sur les quais. Corot (coll. Staud Terlinden).

s'en allèrent), le père Colmiche, Loulou, enfin Mme Aubain elle-même. Autour de Félicité, progressivement, se fait le vide. Et cependant ce vide, elle a le secret de le transformer en plénitude. Voilà pourquoi, en fin du compte, l'ironie ≠ ironie apparente de son nom n'est pas une ironie du tout. Devant la perte et la déception, devant l'érosion de toutes choses, Félicité affirme une capacité invincible d'amour. Elle est incorruptible : rien ne peut la rendre amère. Au fur et à mesure que le *petit cercle de ses idées* se rétrécit et qu'elle s'enferme dans la surdité, son cœur semble s'élargir. Tout en elle devient sympathie, charité, élan. N'est-elle pas douée, dès le début, de cette *imagination que donnent les vraies tendresses...* ?

Cette incorruptibilité et ce besoin grandissant d'aimer *(La bonté de son cœur se développa)* s'accompagnent d'abnégation, d'une admirable capacité de vivre pour et par les autres. Lors de la première communion de Virginie, elle

« *Cette excursion m'a abreuvé de tristesse...* »

manque s'évanouir d'émotion (forme de disparition, d'effacement) tant elle s'identifie avec la petite fille : ... *il lui sembla qu'elle était elle-même cette enfant ; sa figure devenait la sienne, sa robe l'habillait, son cœur lui battait dans la poitrine...* Expérience par personne interposée, immersion poétique dans un monde dont elle ne saurait s'abstraire : l' « absence » de Félicité marque sans doute sa simplicité d'esprit, mais aussi sa générosité et son humilité. Après avoir sauvé la vie aux enfants et à leur mère, au risque de se faire éventrer par un taureau enragé, elle ne se doute même pas qu'elle ait rien fait d'exceptionnel. Le récit de cette existence de généreuse servitude frôle parfois l'hagiographie : Félicité soigne des cholériques, panse la tumeur d'un infirme vivant dans les décombres d'une porcherie. Et rien n'est plus juste que l'image négative de vitalité et d'abondance par laquelle Flaubert clôt le conte. La vieille servante y apparaît, jusque dans son agonie, comme une source de richesse et de paix, comme une grâce dans la création. *Les mouvements de son cœur se ralentirent un à un, plus vagues chaque fois, plus doux, comme une fontaine s'épuise...* Mort qu'illumine du reste une « vision » de *cieux entr'ouverts.* → *comparez à la citation de la p. 11 — "grand ciel immuable"*

Les exigences techniques introduisent toutefois, et presque nécessairement, un élément d'ironie dans la narration. *[I-nécessaire ?]* Plus peut-être que dans ses autres œuvres, Flaubert avait à résoudre ici un problème délicat de point de vue. Son tour de force – mais ce succès est aussi cause d'ambivalence – est d'avoir posé un personnage central privé presque totalement du talent d'articuler ses émotions, et cependant de faire participer à sa vision des choses. Seule une méthode essentiellement ironique était susceptible d'installer le lecteur *[intérieur/extérieur]* dans cette intimité inintelligente, tout en lui permettant de voir le personnage de l'extérieur.

[I] Ironie esthétique, ambivalence de la perspective : l'artisan littéraire y trouve sans doute aussi comme une garantie contre le pathos et l'attendrissement naïf. Doit-on cependant *[I]* parler d'intentions ironiques ? Les rapports de Félicité avec son perroquet pourraient le laisser croire. Car si Loulou est pour la pauvre fille *presque un fils, un amoureux*, il est encore davantage le symbole de sa confusion mentale : elle finit en effet par le confondre avec le Saint-Esprit. L'image de Félicité en extase devant l'œil de verre de l'oiseau-icône est doublement ironisante puisqu'elle met en cause du même coup un aspect fondamental du dogme catholique.

Le perroquet est en réalité un symbole complexe pour l'auteur lui-même ; il se réfère à la perversion du Logos. Loulou répète les clichés du langage humain cependant que de la bouche de ses auditeurs amusés sortent d'autres lieux communs sur le sujet des perroquets. On se trouve en circuit clos de pseudo-pensées. Car le psittacisme est contagieux, tout comme la psittacose – la maladie des perroquets. Le symbole de l'oiseau, véritable trouvaille, devient la traduction métaphorique du problème de la communication et des symptômes de vacuité mentale.

Il résume aussi le rapport, capital dans le cas de Flaubert, entre la bêtise et l'écrivain. Sur ce plan, le texte ne saurait être plus personnel. Pour Flaubert, le langage est reçu, il est inerte, ses mécanismes autonomes sont envahissants. Selon Sartre, c'est parce qu'il est enfermé dans sa passivité, que Flaubert ne peut saisir le langage qu'au niveau du lieu commun. Flaubert semble en effet croire qu' « on est parlé », et qu'en dernière analyse c'est le langage lui-même qui devient bêtise [154].

Cette lucidité devant une essentielle inertie distingue évidemment l'auteur de son personnage. Elle explique aussi le mélange de pitié et de nostalgie qui émane de ce texte. Flaubert lui aussi vit avec son « perroquet » – et même littéralement, avec le perroquet empaillé que lui a prêté le Museum de Rouen. Lui aussi s'enferme dans une chambre (celle de Félicité ressemble à une *chapelle* et à un *bazar*) pour y chercher une communion dans la solitude. Lui aussi aime à s'entourer de *vieilleries*, de *choses hétéroclites*. Mais il ne connaîtra jamais la sérénité de son personnage. Quelque chose lui manque. Ou plutôt il y a quelque chose en trop : cette *faculté pitoyable*, dont se plaindront bientôt Bouvard et Pécuchet, *de voir la bêtise*. A la sainte innocence de Félicité, à sa stupidité touchante et béate, sa *sensualité mystique*, Flaubert oppose la tristesse de toute pensée. Mais, en écrivant le conte, il s'offre aussi, en une année où il en avait grandement besoin, une leçon de patience et d'humilité.

Le silence et la voix

L'impatience et l'exaspération reprennent cependant le dessus. Le travail lui est sans doute salubre, mais agit aussi à la façon d'un irritant. Cette fois-ci c'est l'histoire d'un saint-prophète, Jean-Baptiste, axée ni sur l' « intérieur » du personnage ni sur ses rapports avec le monde, mais sur un climat de lascivité, de violence latente, de désolation, au sein duquel il paraît comme un vivant reproche. Flaubert s'inquiète. *Je suis malade de la peur que m'inspire la Danse de Salomé ! Je crains de la bâcler. Et puis je suis à bout de forces. Il est temps que ça finisse, et que je puisse dormir.* Les derniers mots suggèrent bien autre chose qu'une inquiétude littéraire ; on devine, outre la fatigue du travail, la fatigue de vivre. Pourtant ce n'est pas l'enthousiasme pour le projet qui manque. A Maupassant, alors qu'*Hérodias* est commencé : *C'est peu « naturaliste », mais « ça se gueule », qualité supérieure*[155].

Cet enthousiasme (le verbe « gueuler » est toujours une bonne indication) tient sans doute au fait que les souvenirs personnels sont ici ceux de son expérience exotique, de son voyage en Orient – c'est-à-dire de la grande aventure de Flaubert. Ces souvenirs personnels sont traduits en une forme particulière de poésie : légende et fait historique « surdéterminent » l'expérience intime préalable. La danse de Salomé est la scène capitale du conte ; tout dans la genèse et dans l'exécution converge vers elle. Mais la signification intime de cette célèbre danse, c'est qu'elle permet à Flaubert de revivre, après un intervalle de vingt-cinq ans, les danses des prostituées qu'en compagnie de Maxime Du Camp il avait pu observer dans la maison de l'almée Koutchouk-Hanem au cours de son voyage en Égypte. Les *Notes de voyages* de 1850 contiennent des observations détaillées qui, du point de vue de 1876, sont d'un évident intérêt proleptique. Le visage figé de la danseuse Aziza faisant glisser son cou sur ses vertèbres comme sous l'effet d'une décapitation préfigure le visage immobile de Salomé (ainsi que le thème de la décollation). Le mouvement acrobatique de Koutchouk-Hanem, qui arrive à soulever avec ses dents une tasse de café placée sur le sol, préfigure la prodigieuse souplesse de Salomé : *Sans fléchir ses genoux en écartant les jambes, elle se courba si bien que son manteau frôlait le plancher...* La danse, d'ailleurs, permet à Flaubert une fois de plus d'associer lascivité et destruction : les mouvements de la danseuse d'abord gracieux, ensuite accablés et funèbres, finissent par exprimer l'*emportement de l'amour qui veut être assouvi* et se terminent dans une frénétique pantomime de l'extase physique. Crescendo qui aboutit à son tour à l'exécution de Iaokanann (saint Jean-Baptiste) et à l'offre de la tête décapitée sur un plat.

Judith. Veronèse (Palazzo Rosso, Gênes).

Le rapport entre sexualité et thèmes bibliques correspond lui aussi à une expérience intime. Car Flaubert ne s'était pas contenté d'admirer les évolutions rythmiques de \l'almée,\ il avait passé la nuit avec elle. Tout est d'ailleurs noté : ... *elle s'endort la main entre-croisée dans la mienne, elle ronfle ; la lampe, dont la faible lumière venait jusqu'à nous, faisait sur son beau front comme un triangle d'un métal pâle, le reste de la figure dans l'ombre... je me suis livré là à des intensités nerveuses pleines de réminiscences.* Et il ajoute, car la nuit a été longue, et les réminiscences se précisent : *Une autre fois je me suis assoupi le doigt passé dans son collier, comme pour la retenir si elle s'éveillait. J'ai pensé à Judith et à Holopherne couchés ensemble* [156]... Eros et temps biblique – quand on songe à la manière dont est mort Holopherne, la genèse intime d'*Hérodias* n'en devient que plus évidente. Le souvenir de Koutchouk-Hanem est du reste chargé d'une mélancolie particulière : couché auprès d'elle, il se demande si elle se souviendra de lui plus que des autres qui ont passé par son lit. La fatigue des sens, dans le contexte de cet « Orient » immémorial, laisse comme un soupçon de vacuité, la crainte d'une absence.

Ce n'est pas par hasard qu'*Hérodias* éclaire d'une lumière impitoyable un monde d'opulence, de fatigue, d'attente. Silence et vide rendus plus inquiétants encore par la *voix caverneuse* du prophète, les vociférations de la foule, et le vacarme du festin. Le saint ici est un prophète dans la plus pure tradition : l'imprécation lui sert moins à annoncer qu'à dénoncer. Maniaque de la probité, il dirige ses invectives stridentes contre un monde où règne la confusion des valeurs. *Malheur... à ceux qui habitent la vallée grasse, et que les vapeurs du vin font chanceler !*

Ce n'est pas par hasard non plus que Flaubert s'attarde sur la scène du banquet. La goinfrerie l'a toujours fasciné, surtout dans la mesure où elle exprime l'excès barbare ou décadent. Aulus, *cette fleur des fanges de Caprée,* se précipite vers les cuisines, *emporté par cette goinfrerie qui devait surprendre l'univers.* Mais la valeur thématique du banquet ne saurait être négligée. Ce prélude à la violence et à la mort prend la forme d'une fausse communion. Les invités se délectent des mêmes viandes et des mêmes vins, sans que pour cela s'évanouissent les barrières de préjugés qui les séparent. La cupidité des sens est une fois de plus signe d'incommunicabilité. *On servait des rognons de taureau, des loirs, des rossignols, des hachis dans des feuilles de pampre ; et les prêtres discutaient sur la résurrection.* Phrase profondément ironique, non seulement parce que les prêtres n'arrivent pas à se mettre d'accord, mais par sa syntaxe même, l'absence de subordination suggérant le nivellement de toute expérience. L'auteur se refuse à établir une hiérarchie : manger des rognons de taureau équivaut, dans ce contexte, à discuter de la résurrection. Équivalence, mais aussi confusion : la structure parataxique signifie ici non événements consécutifs, mais une chaotique simultanéité.

La discussion sur la résurrection renvoie d'ailleurs à l'image de la mort qui pèse sur toutes les pages d'*Hérodias*. Jonathas ne vient-il pas de citer des vers de Lucrèce niant l'immortalité du corps ? Un sens de stérilité, une nausée mortelle accompagnent ainsi le rituel de l'assouvissement. Salomé, dans cette ambiance de débauche, danse aux *sons funèbres* de la flûte phénicienne. La mort règne jusque dans le paysage d'*Hérodias*. Gomorrhe et Sodome, les villes du péché, semblent avoir laissé comme une odeur fétide de décomposition. *Le vent chaud apportait, avec l'odeur du soufre, comme l'exhalaison des villes maudites, ensevelies... sous les eaux pesantes.*

Flaubert, dans ses lettres du moins, ne semble pas s'être laissé attirer par les possibilités religieuses de son conte. Il prétend s'intéresser aux éléments politiques et psychologiques. *La vacherie d'Hérode pour Hérodias m'excite* [157]. Cependant cette œuvre suggère d'un bout à l'autre une absence, un vide qui attend d'être comblé. Le Messie n'est jamais visible, mais sa présence se fait sentir par allusions inquiètes. Les prophéties d'Isaïe et d'Osée se font entendre par la voix de Iaokanann. *Il annonçait un affranchissement, des splendeurs au ciel, le nouveau-né un bras dans la caverne du dragon, l'or à la place de l'argile, le désert s'épanouissant comme une rose...* Le vide, c'est au premier chef le tétrarque Hérode qui le sent. C'est par son regard d'homme las et infiniment triste que nous pénétrons dans un monde de l'absence et de l'immobilité. *Il fouilla d'un regard aigu toutes les routes. Elles étaient vides. Des aigles volaient au-dessus de sa tête ; les soldats, le long du rempart, dormaient contre les murs ; rien ne bougeait dans le château.* Et, à la fin du conte, tout espoir semble fuir la citadelle de Machaerous avec les trois hommes qui portent la lourde tête du prophète vers la Galilée.

Le thème de la spiritualité envahit, dans des registres différents, chacun des *Trois contes*. Dans *Hérodias*, à beaucoup d'égards le plus désolant et le plus angoissé, cette spiritualité s'affirme de façon particulièrement équivoque. Car il s'y manifeste non seulement une fausse communion, mais une fausse immobilité et un faux silence. Les monts sont comme *de grands flots pétrifiés*, mais le terrain semble éruptif comme la voix de l'*homme effroyable* sous sa trappe, dans sa prison souterraine. Le silence, dans *Hérodias*, ne fait qu'annoncer le cri de terreur, la « *vox clamans* ». Il est en effet significatif que le paragraphe le plus « silencieux » du conte – celui qui décrit les routes vides, les soldats endormis, et la torpeur mortelle de la forteresse – soit immédiatement suivi par le bruit des invectives prophétiques. *Tout à coup, une voix lointaine, comme échappée des profondeurs de la terre, fit pâlir le tétrarque.* Cette irruption troublante n'est-elle pas symbolique ? On songe aux rapports si complexes de Flaubert avec sa matière littéraire, à sa « présence » dans son œuvre. Car derrière la surface apparemment imperturbable, et la forme apparemment dominée, au-delà de la calme maîtrise de l'artisan-virtuose, une voix se fait entendre, triste, solitaire, affligée, insistante, acharnée même, et le plus souvent torturée par un idéal. Elle appartient à un homme qui est lui aussi, à sa façon, un « prophète ».

CARICATURE OU MARTYRE ?

**Ce défilé
d'absurdités...**

Plus que jamais, vers la fin de sa vie, Flaubert cultive son indignation. *Rien de neuf dans ma vie... Je la passe uniformément au milieu de mes livres et dans la compagnie de mon chien. J'avale des pages imprimées et je prends des notes pour un bouquin où je tâcherai de* vomir ma bile *sur mes contemporains. Mais ce dégueulage me demandera plusieurs années.* Ce bouquin où le prophète de déchéance et de *reculade* vomira sa bile, où plus précisément il régurgitera toute une culture, c'est le dernier grand effort de Flaubert : *Bouvard et Pécuchet.* L'état d'esprit est « prophétique » en effet. *Nous allons entrer dans un ordre de chose hideux où toute délicatesse d'esprit sera impossible. Paganisme, christianisme,* muflisme, *voilà les trois grandes évolutions de l'humanité. Nous touchons à la dernière.* Livre du dégoût, c'est aussi pour Flaubert comme le livre de la mort qu'il pressent. A son vieil ami Tourgueneff il confie son appréhension : *Il n'y a plus à reculer. Mais quelle peur j'éprouve ! Quelles transes ! Il me semble que je vais m'embarquer pour un très grand voyage vers des régions inconnues et que je n'en reviendrai pas* [158]. Le livre en fait restera inachevé.

Le prestige dont jouit de nos jours ce livre caricatural en dit long sur les inquiétudes de notre époque. A bien des égards, cette étrange entreprise n'est rien moins que l'inventaire encyclopédique de l'échec, et l'échec en question est précisément celui de la culture encyclopédique. Dès la première page du livre, les gestes et paroles des bonshommes s'asseyant à la même minute sur le même banc, l'automatisme et la symétrie de leurs démarches, annoncent le monde amèrement clownesque d'un Samuel Beckett et le rire de l'absurde d'un Ionesco.

Le sujet est ici, au premier chef, celui du livre lui-même – c'est-à-dire de la littérature. Flaubert a beau décrire les déboires de ses deux personnages explorant la connaissance humaine, de l'agriculture à la métaphysique ; il a beau les ridiculiser lorsqu'ils se livrent au *délire de l'engrais*, s'égarent dans la médecine et finissent par avoir la tête ébranlée : le vrai sujet du livre est ailleurs. L'auteur rejoue ici ses propres efforts. La pensée devient le sujet de la pensée. L'acte d'écrire ce livre en est pour ainsi dire le vrai thème. *Bouvard et Pécuchet* marque non seulement l'émergence incontestable du roman d'idées (Flaubert s'était en fait proposé pour but le *comique d'idées*), mais le déclin du roman d'analyse. Ces deux tendances sont en rapport étroit. La disparition du personnage dans le roman correspond historiquement à la mise en question de la tradition humaniste. Or Flaubert affiche un souverain mépris pour les mesquines destinées individuelles qui font d'ordinaire le canevas du roman. *Ceux qui lisent un livre pour savoir si la baronne épousera le vicomte seront dupés* [159]...

Mais du coup la disparition du « personnage » implique aussi une disparition du « créateur ». Le langage nourri de lieux communs et de citations tend à l'anonymat intégral. Déjà en projetant le fameux *Dictionnaire des Idées reçues*, Flaubert avait envisagé cette disparition de l'auteur et cette démonétisation du langage. *Il faudrait que, dans tout le cours du livre, il n'y eût pas un mot de mon cru*... Dans son esprit, le *Dictionnaire*, intimement lié à la genèse de *Bouvard et Pécuchet*, devait être plus subversif que satirique. Il s'agissait d'une entreprise de démolition et de démythification : *... j'y attaquerais tout*... Son vœu était d'*en finir une fois pour toutes*... Quant à la méthode, elle allait précisément être fondée sur un retournement du langage contre lui-même. *Ce serait la glorification historique de tout ce qu'on approuve*... Le but était *une apologie de la canaillerie humaine sur toutes ses faces, iro-*

nique et hurlante d'un bout à l'autre, pleine de citations, de preuves (qui prouveraient le contraire) [160]... En somme le *Dictionnaire* assumait les dimensions d'une anti-Encyclopédie devant miner la foi en l'identification de la parole et de l'esprit.

Si *Bouvard et Pécuchet* est un roman sans héros, et même sans « personnages », il concerne néanmoins deux individus. Flaubert avait d'abord songé à intituler son livre *les Deux Cloportes*; il appelait ses deux personnages *mes deux idiots*. L'intrigue est simple. Les deux copistes, grâce à un héritage inattendu, se retirent à la campagne, et se consacrent d'abord aux innocents plaisirs du jardinage. Mais bientôt, devenus plus ambitieux, poussés par le démon de l'expérimentation, ils s'exposent à une série de fiascos humiliants et coûteux dans le domaine de l'agriculture et de l'arboriculture. A mesure que grandit leur curiosité, ils abordent divers domaines scientifiques (l'anatomie, l'hygiène, la médecine, la géologie, l'archéologie) - toujours avec les mêmes résultats. Finalement leur soif de connaissances et d'expériences (*les deux idiots* souffrent eux aussi d'une forme aiguë de bovarysme!) les incite à explorer les sujets plus abstraits : l'histoire, la littérature, l'esthétique, la philosophie, la religion - tout y passe. Ils font ainsi, avec une confiance naïve, l'inventaire du savoir humain, de plus en plus désorientés par des débauches de nomenclatures, de catégories, et d'opinions contradictoires, jusqu'à ce que, épuisés et ruinés, ils décident de ne plus spéculer, de ne plus même penser, de se remettre à leur pupitre et de *copier* tout simplement comme autrefois.

Mais l'acte de *copier* - acte ironique ou monacal ? - n'est-ce pas exactement ce que Flaubert entreprend en écrivant *Bouvard et Pécuchet* ? A Mme Roger des Genettes il explique, peu avant sa mort, que le deuxième volume *est fait aux trois quarts et ne sera presque composé que de citations* [161]. Et cet acte de copier, sous forme de citations et de résumés, ne présuppose-t-il pas dans son cas, comme dans celui de ses deux pantins ineptes, une documentation à la fois gigantesque et paralysante ? Plus de mille cinq cents volumes, et un dossier de notes de huit pouces de haut - tel est son propre bilan. Le goût de la documentation assume à la fin de sa vie des proportions effarantes. Flaubert n'était pas sans s'apercevoir du danger. *Ce défilé d'absurdités est vraiment attristant !... Me voilà à la partie la plus rude... de mon infernal bouquin... Il faut être fou pour avoir entrepris une pareille tâche* [162].

à ce moi dans la République des lettres.
lit pas car cet homme est un Catholique
ferme, est ce qu'on peut faire de plus im
cirages et donné.

Blanbut _Tourgueneff_ _Flaubert_
de l'envoyer
de cette re
va encore
proprier
membre
l'amui-
auquel
j'ai fai
_... de_
connai

Extrait d'une lettre de Maupassant
à Robert Pinchon, 11 mars 1876 (Bibliothèque Nationale).

On comprend l'inquiétude de ses amis. Taine consulte là-dessus Tourgueneff ; il n'ose même pas communiquer directement à Flaubert ses doutes concernant les « deux escargots qui s'efforcent de grimper au sommet du Mont-Blanc [163] ». Il craint de le décourager sans fruit, et cependant « souffre de le voir s'enfoncer dans une impasse ». La crainte de s'être engagé dans une impasse assiège Flaubert lui-même. Il écrit à Tourgueneff : _Il me semble par moments que je deviens idiot, que je n'ai plus une idée et que mon crâne est vide comme un cruchon sans bière... C'est de la conception même du livre dont je suis inquiet..._ Jamais il ne s'est senti aussi las ; de façon répétée il associe l'idée du livre à l'idée de la mort, de sa mort : _... je me sens broyé par ce fardeau. Il me semble que je n'ai plus de moelle dans les os._ La notion de vacuité l'obsède. Est-ce un pressentiment de sa fin prochaine ? Il n'a que quelques semaines à vivre : _Moi, je puis dire : « Il est temps que la fin de mon livre arrive, sinon ce sera la mienne. »_ Et encore : _... je suis_ exténué _de fatigue. B. et P. m'embêtent, et il est temps que ça finisse ; sinon, je finirai moi-même_ [164].

Livre qui impatiente aussi bien des lecteurs. L'exploration têtue et incompétente de domaines spécialisés crée un double comique (à l'absurdité des explorateurs répond l'absurdité de tout langage hermétique ou fétichiste), mais produit aussi un climat de confusion, d'embouteillage idéologique, d'obstruction paralysante. Les procédés sont typiques de l'humour lent et lourd des caricaturistes du milieu du XIXe siècle. La redondance, le gros effet, l'imitation exagérée, l'automatisme font la substance de cette comédie. La circularité en est la démarche la plus caractéristique. Or la circularité discrédite n'importe quelle entreprise : on revient, tout juste un peu plus fatigué et un peu moins enthousiaste, au point de départ. Le roman se présente ainsi, dans sa structure d'ensemble, comme un stérile retour après une odyssée dérisoire.

Un système de polarités sous-tend le livre, et accroît le sens de l'irréalisable. Le rêve de l'absolu devient la folie de l'absolu. Pécuchet a des visions de *montagnes de fruits*, de *débordements de fleurs*, d'*avalanches de légumes*. Mais tous les rêves aboutissent à un fiasco. *Ainsi tout leur a craqué dans la main*. Les deux bonshommes désirent beaucoup, mais se fatiguent bien vite. Et l'absolu lui-même est miné par l'obsession du transitoire, du fugitif, du relatif. En observant les nuages pendant leurs études de météorologie, ils s'efforcent de *distinguer les nimbus des cirrus, les stratus des cumulus*. En vain : *les formes changeaient avant qu'ils eussent trouvé les noms*. Alors, avec un plaisir presque pervers, ils commencent à goûter les contradictions *(... où est la règle, alors ?)*, et se mettent à constater la *manière ondoyante et fugace* de toutes choses. Le livre fait ainsi valoir simultanément une recherche inassouvie (toujours une nouvelle interrogation ouvre une nouvelle perspective) et une éternelle insatisfaction qui, après chaque échec, pousse les deux copistes à souhaiter de nouvelles expériences.

Le pessimisme de Flaubert s'affirme ici comme inguérissable. Car il ne blâme ni le milieu ni la société, mais la nature de l'homme. Prenant le contrepied de Rousseau, il décrit le fiasco le plus éclatant dans le chapitre où Bouvard et Pécuchet expérimentent avec des méthodes pédagogiques sur les deux enfants d'un criminel. *Je veux montrer*, explique-t-il à Maupassant, *que l'éducation, quelle qu'elle soit, ne signifie pas grand' chose, et que la nature fait tout ou presque tout* [165]. Victor et Victorine, les deux marmots sournois, têtus et ingrats, incarnent le mal aux racines profondes, le mal congénital.

Si le roman se présente comme une critique du demi-savoir, cela n'empêche que les livres mêmes sont en cause, et, au-delà des livres, le principe du contact livresque avec l'expérience. Flaubert n'entreprend rien moins que le procès d'une culture qui ne fait qu'accumuler et inventorier. Les tentations de l'encyclopédisme, la multiplication de « connaissances », l'ingurgitation omnivore de « faits » – voilà le syndrome d'une maladie qui mène droit au relativisme paralysant, à la stérilité, au désespoir. A l'âge de vingt-cinq ans, Flaubert se proposait d'écrire une tragédie burlesque, *Jenner ou la Découverte de la vaccine*, dont le héros, à la recherche du savoir complet, découvre le néant en alexandrins assez banals :

> *Vainement j'ai cherché dans les soins de l'étude*
> *A me faire un destin libre d'inquiétude...*

De même, Bouvard et Pécuchet, à la fin de la vie de Flaubert, à force d'avoir trop lu et trop catalogué, ne découvrent que contradiction et confusion. On pense à l'Autodidacte de Sartre, ce fils spirituel de Pécuchet et de Bouvard, entreprenant la lecture de tous les livres d'une bibliothèque par ordre alphabétique.

Le pessimisme de Flaubert ne permet en fait aucun hiatus entre les maux de la civilisation et le scandale de la nature humaine. L'histoire récente ne faisait que confirmer la noirceur de son diagnostic. Après la guerre de 1870, il avait exprimé son horreur devant ces officiers prussiens, docteurs-ès-lettres, *qui savent le sanscrit et qui se ruent sur le champagne...* A la suite des atrocités de la guerre et de la Commune, il prévoyait le règne de l'uniforme, *le meurtre en grand* – et tout cela au nom du Progrès! *Oui ! j'avais des illusions ! je ne croyais pas à tant de sottise et de férocité. J'en veux à mon époque de m'avoir donné les sentiments d'une brute du XIIe siècle ! Quelle reculade* [166] *!*

Flaubert reflète une inquiétude plus générale. Les générations qui avaient été les témoins des événements de 1870 et de la tardive Révolution industrielle en France ne pouvaient guère s'empêcher de définir leur position intellectuelle et morale par rapport au prestige croissant de la science. *Le Disciple* de Paul Bourget – attaque directe contre le positivisme et le scientisme – paraît en 1889 ; quelques années plus tard, en 1895, Brunetière publie son célèbre article sur la banqueroute de la science [167]. Mais nulle étude du malaise intellectuel à la fin du siècle ne saurait négliger cet aspect qui, dans *Bouvard et Pécuchet*, trouve son expression la plus bouffonne et la plus désolée.

Illustration tirée de *Physiologie du bourgeois*. H. Monnier, 1856.

Une faculté pitoyable...

Les *deux cloportes* deviennent toutefois les *deux bonshommes*, et ceux-ci, à leur tour, finissent par acquérir une dignité touchante. Tout n'est pas amertume et tristesse. Les deux amis symbolisent le couple éternel : leurs tempéraments sont complémentaires. Quand ils se rencontrent, sur le banc du boulevard Bourdon, un jour de chaleur caniculaire, c'est pour eux le classique coup de foudre. Plus tard ils se découvrent la bosse de l'amitié. Or, cette notion d'une amitié formant « couple » est chère à Flaubert. Le ton de ses lettres à Louis Bouilhet révèle un attachement profond. Toute joie, tout échec sont partagés. *Allons, mon pauvre vieux, mon roquentin, mon seul confident, mon seul ami, mon seul déversoir, reprends courage, aime-nous mieux que cela* [168]. Peu d'hommes ont connu le besoin d'amitié aussi intensément que Flaubert, et projeté de façon aussi constante leur ferveur d'adolescents jusque dans leur âge mûr.

Au-delà de l'ironie, de l'indignation, de la satire, le roman implique une présence de l'auteur. Flaubert se doutait d'ailleurs de sa paradoxale intimité avec ses *deux idiots* — et cela non seulement parce qu'il lui semblait parfois participer à leur ineptie *(Leur bêtise est mienne et j'en crève)*, mais dans la mesure où leur sens critique semble se développer. D'ailleurs une note des premiers scénarios est explicite : *Ce ne sont pas précisément deux imbéciles...* ; grâce au contact avec les idées, *ils se développent* [169]. Ce « développement » se vérifie dans le texte du roman. *Leur tête s'élargissait.* Ceci après lecture de Buffon. Et encore, après des lectures plus abstraites : *... la philosophie les grandissait dans leur estime.* A cet orgueil correspond un sentiment d'aliénation pour lequel l'auteur éprouve une évidente sympathie. *Leur manière de vivre, qui n'était pas celle des autres, déplaisait.* Cette hostilité implique une différence qualitative d'avec le commun des hommes. *L'évidence de leur supériorité blessait.* Ils développent la *faculté pitoyable* — Flaubert la connaît bien — *celle de voir la bêtise et de ne plus la tolérer.*

Ce n'est pas tant Flaubert qui se métamorphose en ses deux créatures, que ces derniers qui finissent par lui ressembler. S'agirait-il d'une autocritique ? Même les ressemblances dans les détails le laisseraient supposer : goût de la documentation et du bric-à-brac, goût de la grosse blague répétée infiniment. La période déclamatoire de Bouvard et Pécuchet rappelle les séances privées dans le célèbre

ET. CARJAT.   POTHEY

LOUIS BOUILHET

gueuloir. Eux aussi attendent l'inspiration avec impatience et entêtement. Leurs habitudes de travail, leurs efforts désespérés pour engendrer des idées, sont comme la caricature de la concentration sédentaire de Flaubert dans son cabinet à Croisset, des tortures qu'il s'inflige, des subterfuges de la rêvasserie.

Peut-on parler d'état de symbiose entre les personnages et l'auteur ? La caricature est pour le moins ambivalente. Les deux pantins se mettent en fait à penser et à réagir comme Flaubert. Cette ressemblance devient saisissante dans le chapitre sur la littérature : la construction romanesque y sert à peine d'intermédiaire entre l'auteur et le lecteur. C'est bien la voix de Flaubert que nous entendons. A propos des romans humoristiques de Xavier de Maistre et d'Alphonse Karr : *Dans ce genre de livres, on doit interrompre la narration pour parler du chien, de ses pantoufles ou de sa maîtresse. Un tel sans-gêne d'abord les charma, puis leur parut stupide, car l'auteur efface son œuvre en y étalant sa personne.* Ou, à propos de Balzac, qui d'abord les émerveille : *Il croit aux sciences occultes, à la monarchie, à la noblesse, est ébloui par les coquins, vous remue les millions comme des centimes, et ses bourgeois ne sont pas des bourgeois, mais des colosses. Pourquoi gonfler ce qui est plat, et décrire tant de sottises !...*

C'est aussi la qualité de leur tristesse qui rapproche les deux amis de l'auteur. Ils s'affligent de l'indifférence du monde à l'égard de l'art, de l'utilitarisme qui règne en matière même d'esthétique. Ils constatent que la société sera toujours hostile aux créations de l'esprit. *On n'aime pas la littérature.* Cette phrase est l'une des plus désolantes du roman. Et ce n'est pas par hasard que ce chapitre sur la littérature marque aussi une intensification des intrusions d'auteur, suggérant de la sorte – et pour ainsi dire stylistiquement – une fusion de points de vue.

Dans le chapitre sur la philosophie, l'émancipation intellectuelle des deux copistes se poursuit. Mais ce qui était tristesse devient souffrance plus profonde. Leurs excursions métaphysiques les assombrissent, tout en confirmant à leurs yeux le tragique de l'intellect. *Alors une faculté pitoyable se développa dans leur esprit...* Lucidité et impuissance : *... ils sentaient peser sur eux comme la lourdeur de toute la terre.* Flaubert finit par imposer à ses *deux idiots* une indépendance de jugement qui devient principe permanent de tortures. Pensée et souffrance sont d'ailleurs associées dès les premières pages. Il y a d'abord la joie d'une découverte possible : ... *ils apercevaient des choses à la fois confuses et merveilleuses.* Mais tout de suite l'inquiétude s'installe. *Et, ayant plus d'idées, ils eurent plus de souffrances.*

Il peut sembler étrange de vouloir élever Pécuchet et Bouvard à la dignité de héros intellectuels. Le surcroît de souffrances que leur procurent les « idées » est toutefois comme le corollaire pathétique de la célèbre formule de Pascal : « Pensée fait la grandeur de l'homme. » Les deux amis rejouent, à leur façon, le drame de la raison humaine condamnée à ne pouvoir ni savoir ni ignorer. Et cette condamnation entraîne la souffrance de l'aliénation, la séparation d'avec les autres. Ils finissent même par trouver une amère satisfaction à contempler la distance qui les éloigne et les écarte de la communauté. Tout se passe, en somme, comme si, avec *Bouvard et Pécuchet*, Flaubert avait tenté d'écrire la parabole dérisoire de l'intellectuel moderne.

Quelque chose d'irrévocable était venu. Il s'agit bien de l'élargissement inquiétant de leur *tête* que Flaubert constate dès le chapitre III. Leur abattement devient inguérissable car il ne s'agit ni vraiment de la stupidité du monde, ni de leur isolement, mais de ce qui les sépare désormais de leur innocence perdue. L'intelligence – si peu, mais assez! – les a exilés loin du bonheur. Dorénavant ils ne peuvent pas ne pas savoir que tout désir est voué au fiasco. Une angoisse faustienne envahit leur esprit. Minés par le doute, ils rêvent d'autodestruction. *Oh! le doute! le doute! j'aimerais mieux le néant!*

Ce désespoir – n'est-ce pas là le sens du tragique flaubertien? – se rapporte à l'insuffisance de tout rêve, à l'impuissance de tout désir devant l'inlassable recommencement et l'oppressive accumulation des phénomènes. Dans toutes les œuvres de Flaubert, il y a le même tragique de la surabondance et de la superfluité. Trop de rêves d'amour, trop de religions, trop de choses à connaître, trop de vérités, trop de contre-vérités... Les protagonistes – qu'ils s'appellent Emma Bovary, Salammbô, saint Antoine, ou Pécuchet et son ami Bouvard, amateur de gaudrioles – sont tous, dans des registres variés, les héros et les victimes d'une quête illimitée. Dès le premier chapitre, les deux autodidactes aperçoivent *des choses à la fois confuses et merveilleuses;* cependant ces richesses restent intangibles, *au fond d'un*

horizon plus lointain chaque jour... Mais cette séduction qu'exerce sur eux l'inaccessible les élève aussi, et les grandit. La convoitise d'infini, pour eux aussi, est un titre de gloire.

Les ambiguïtés de *Bouvard et Pécuchet* acquièrent sans doute leur signification profonde par rapport à la tension intellectuelle de Flaubert lui-même. Car seul un homme profondément méfiant et désabusé devant les idées, mais aussi puissamment attiré par elles, aurait pu écrire ce livre. Dans ce dialogue interne, on peut d'un bout à l'autre de l'œuvre de Flaubert percevoir deux voix. D'un côté la voix érosive du doute, du pessimisme, de la négation, qui proclame la folie du rêveur. Mais à cette voix de la raison répond une autre voix qui refuse de se taire, et qui maintient, en dépit de l'évidence du monde, que toute insatisfaction à sa beauté, que toute recherche, même sous forme d'une odyssée stérile de deux médiocres copistes, demeure une noble entreprise.

Bouddha du cabinet de travail de Croisset (Musée Flaubert, Croisset).

« *L'écrivain ne doit laisser de lui que ses œuvres* »
Masque mortuaire de Flaubert (Musée Carnavalet).

NOTES

Abréviations : *Corr.* : *Correspondance*, Paris, Conard, 1926-1933, 9 vols. *O. J.* : *Œuvres de jeunesse inédites*, Paris, Conard, 1910, 3 vol.

1 *Lettres inédites à Tourgueneff*, Éditions du Rocher, Monaco, 1946, 180.
2 *Corr.* I, 277-279.
3 *Corr.* IV, 326, 164.
4 *Corr.* VIII, 317, 368 ; VII, 285.
5 *Corr.* VIII, 368 ; VII, 369.
6 *Corr.* VII, 359, 351, 369.
7 *Corr.* VII, 281 ; III, 320.
8 *Corr.* VII, 365, 38-39.
9 *Corr.* V, 125, 134.
10 *Corr.* III, 320, 375, VII, 369.
11 « Lettres inédites de Flaubert à Sainte-Beuve », présentées par B. F. Bart, *Revue d'histoire littéraire de la France*, juillet-septembre, 1964, 427-435 ; *Lettres inédites à Tourgueneff*, 6, 29.
12 *Lettres inédites à Tourgueneff*, 58, 218 ; *Corr.* III, 31 ; IV, 335 ; III, 26, 45.
13 *Corr.* III, 269 ; V, 59.
14 *Corr.* VII, 369 ; III, 322.
15 E. W. Fischer, « Une trouvaille », *la Table ronde*, avril 1958, 99-124.
16 *Corr.* II, 68 ; I, 161 ; III, 16, 77, 389, 294.
17 *Corr.* I, 76, 217-218, 168, 313 ; II, 107 ; V, 240.
18 *Corr.* II, 309.
19 *Corr.* III, 19 ; II, 6-7 ; I, 171.
20 *Corr.* I, 101.
21 *Corr.* I, 103 ; III, 216.
22 *Corr.* II, 411-412 ; *Lettres inédites à Tourgueneff* (9 août 1879).
23 *Corr.* I, 292, 320 ; III, 396-397.
24 *Corr.* III, 54 ; IV, 148 ; I, 206, 37, 269 ; IV, 167-168 ; III, 349 ; I, 269 ; V, 404.
25 Jean-Paul Sartre, *l'Idiot de la famille*, Gallimard, 1971, I, 46, 139, 481 ; II, 1729, 1744 ; et en particulier toute la troisième partie. *Corr.* III, 110.
26 *Corr.* I, 186, 200 ; II, 14 ; III, 63.
27 *Corr.* I, 187, 172 ; III, 396 ; IV, 352 ; II, 394.
28 *Corr.* III, 352 ; *Par les champs et par les grèves*, Charpentier, 1924, 156.
29 *Corr.* III, 77 ; I, 421.
30 *Corr.* I, 41 ; IV, 215 ; II, 47 ; III, 145.
31 *Journal*, Éditions de l'Imprimerie nationale de Monaco, Monaco, 1966-1968, X, 99.
32 *Corr.* II, 201 ; II, 364, 321.
33 *Corr.* II, 335 ; I, 22 ; V, 247 ; I, 235.
34 *Corr.* I, 102 ; II, 201.
35 *Corr.* III, 270, 269, 340.
36 *Corr.* III, 270, 17.
37 *Corr.* I, 191 ; *Lettres inédites à Tourgueneff*, 179 ; *Corr.* II, 329 ; IV, 61 ; VII, 2 ; II, 414 ; VII, 10.
38 *Corr.* II, 427, 415 ; III, 405, 107.
39 *Corr.* III, 407 ; I, 41, 285.
40 *Corr.* II, 343.

41 *Corr.* III, 3 ; IV, 164 ; III, 291 ; VII, 294.
42 *Corr.* III, 249 ; II, 345-346.
43 *Corr.* IV, 315 ; *Lettres inédites à Tourgueneff*, 106 ; *Corr.* II, 399.
44 *Corr.* III, 61-62 ; II, 380.
45 *Corr.* II, 460.
46 *Corr.* III, 37.
47 *Corr.* V, 397 ; III, 383-384, 405.
48 *Corr.* III, 21.
49 *Corr.* II, 269 ; IV, 215, 231 ; I, 239.
50 *Corr.* V, 250 ; II, 339, 49, 53.
51 *Corr.* II, 66 ; I, 355, 376 ; III, 107.
52 *Corr.* I, 232 ; II, 433 ; VI, 281.
53 « Introduction », *Écrits intimes de Baudelaire*, Éditions du Point du Jour, Paris, 1946, CXVI-CXVIII.
54 *Corr.* III, 379 ; I, 410.
55 Ce passage, qui apparaît dans le *Catalogue de la succession Franklin-Grout*, est cité par Jean Bruneau dans les *Débuts littéraires de Gustave Flaubert*, Armand Colin, 1962, 277.
56 *O. J.* I, 496-497.
57 *O. J.* I, 513.
58 *O. J.* I, 499.
59 *Corr.* VII, 283.
60 *Corr.* I, 410.
61 *O. J.* II, 237.
62 *O. J.* II, 192, 195, 182.
63 *O. J.* II, 201, 227.
64 *O. J.* II, 193.
65 *Corr.* I, 94.
66 *O. J.* III, 9, 23, 44-45, 67, 175, 245, 267-268.
67 *O. J.* III, 186 ; *Corr.* II, 463.
68 *Corr.* I, 185.
69 *Corr.* II, 343-344 ; I, 277.
70 *Corr.* II, 303.
71 *Corr.* II, 364.
72 *O. J.* III, 231, 136, 158, 221, 156-157 ; *Corr.*, I, 159, 172.
73 *O. J.* III, 144, 163, 241, 246. 268.
74 *O. J.* III, 165-166, 309 ; *Corr.* II, 66.
75 *O. J.* III, 144, 257-259 ; *Corr.* II, 53.
76 *Corr.* II, 38.
77 *O. J.* III, 267 ; Jean Bruneau, les *Débuts littéraires de Gustave Flaubert*, Armand Colin, 1962, 470.
78 *Corr.* II, 67-68, 38.
79 *Corr.* II, 269.
80 *Corr.* I, 385 ; *O. J.* III, 309.
81 *Corr.* III, 7 ; II, 380, 379.
82 *Corr.* II, 454.
83 *Corr.* III, 3 ; IV, 164.
84 *Corr.* III, 291.
85 *Corr.* III, 140, 166, 291.
86 *Causeries du lundi*, Garnier, 1853-1862, XIII, 346-366.
87 *Corr.* II, 253-254.

88 *Corr.* IV, 239-240.

89 *Corr.* II, 362.

90 Jean Pommier et Gabrielle Leleu, *Madame Bovary — Nouvelle version précédée des scénarios inédits*, Corti, 1949, 93, 97, 112, 123.

91 *Corr.* III, 335, 365.

92 *Madame Bovary — Nouvelle version précédée des scénarios inédits*, 135.

93 L'étude de Maupassant pour l'édition des œuvres complètes de Flaubert publiée par Quentin a été réimprimée dans l'édition Conard de *Madame Bovary*, 544.

94 *Corr.* II, 372.

95 *Corr.* II, 345 ; III, 249.

96 « Madame Bovary ou ' le livre sur rien ' », dans *Forme et signification*, Corti, 1962, 109-133.

97 *Causeries du lundi*, Garnier, 1853-1862, XIII, 346-363.

98 *Littérature et Sensation*, Éditions du Seuil, 1954, 202.

99 Jean-Paul Sartre, *Critique de la raison dialectique*, Gallimard, 1960, 94-95 et *l'Idiot de la famille*, Gallimard, 1971, *passim* ; Baudelaire, « Madame Bovary », dans *Œuvres complètes*, Pléiade, 440-450.

100 *Corr.* IV, 164, 199, 380, 176.

101 *Corr.* III, 136.

102 *Corr.* IV, 454-455, 427, 178, 432 ; *Supplément*, I, 288.

103 *Corr.* IV, 452 ; V, 363 ; IV, 337.

104 Baudelaire, *Correspondance générale*, Conard, 1947, IV, 129 ; Théophile Gautier, « Salammbô » dans *l'Orient*, Charpentier et Fasquelle, 1902, II, 322 ; *Corr.* III, 321.

105 *Notes de voyages*, II, 96 ; *Corr.* IV, 226.

106 *Notes de voyages*, II, 347.

107 *Corr.* IV, 348 ; III, 275.

108 *Corr.* IV, 205.

109 *Notes de voyages.* II, 356.

110 *Journal*, Éditions de l'Imprimerie nationale de Monaco, 1956-1958, X, 99.

111 *Corr.* IV, 348 ; II, 412.

112 *Lettres inédites à Tourgueneff*, Éditions du Rocher, 1948, 45.

113 *Critique de la raison dialectique*, Gallimard, 1960, 46, 92 ; et *l'Idiot de la famille*, Gallimard, 1971 ; *passim*.

114 *Notes de voyages*, II, 358.

115 *Corr.* V, 158 ; *Supplément* II, 20-21.

116 *Lettres inédites à Tourgueneff*, 206 ; *Supplément*, II, 175-176.

117 Marie-Jeanne Durry, *Flaubert et ses projets inédits*, Nizet, 1950, 137.

118 *Corr.* V, 158, 363 ; *Supplément*, II, 65.

119 *Corr.* III, 349, 356 ; Jean-Paul Sartre, *Critique de la raison dialectique*, Gallimard, 1960, 703-704.

120 *Corr.* V, 300 ; VI, 276 ; *Lettres inédites à Tourgueneff*, 154 ; *Corr.* IV, 96.

121 Marie-Jeanne Durry, *Flaubert et ses projets inédits*, Nizet, 1950, 163.

122 *Corr.* IV, 352.

123 *Corr.* VI, 229.

124 Marie-Jeanne Durry, *Flaubert et ses projets inédits*, Nizet, 1950, 163.

125 Albert Thibaudet, *Gustave Flaubert*, Gallimard, 1935, 150.

126 *Corr.* VIII, 309 ; V, 158.

127 *Corr.* I, 102 ; VI, 426.

128 Marcel Proust, *Chroniques*, Éditions de la Nouvelle Revue Française, 1927, 205.

129 Marie-Jeanne Durry, *Flaubert et ses projets inédits*, Nizet, 1950, 138.

130 Baudelaire, « Madame Bovary », *Œuvres complètes*, Pléiade, 1963, 657.

131 *Corr.* IV, 111, 104.

132 Baudelaire, « le Peintre de la vie moderne », *Œuvres complètes*, Pléiade, 1963, 1161.

133 *O. J.* III, 264.

134 *Corr.* III, 398.

135 Goncourt, *Journal*, Éditions de l'Imprimerie Nationale de Monaco, 1956-1958, X, 36.

136 *Corr.* II, 362 ; VII, 22.

137 Paul Valéry, « La Tentation de (saint) Flaubert », *Variété* V, Gallimard 1945, 199-207.

138 *Corr.* III, 362 ; II, 461, 457 ; III, 270, 146.

139 *Corr.* III, 204, 398.

140 *Corr.* III, 77.

141 André Gide, *Journal*, Pléiade, 1939, 715.

142 *Corr.* VII, 308-309.

143 *Corr.* VI, 137-138.

144 *Corr.* VI, 183-185.

145 *Corr.* VI, 137-138 ; V, 300 ; VI, 185 ; VII, 267, 268.

146 *Corr.* VII, 267, 367.

147 *Corr.* VII, 267.

148 *Corr.* VII, 122 ; VIII, 209-210.

149 *Corr.* VIII, 65.

150 *Corr.* VII, 307, 331.

151 *Corr.* VII, 307.

152 George Sand, *Correspondance*, Calmann-Lévy, 1892, VI, 376.

153 *Corr.* VII, 295-296, 378-379.

154 Jean-Paul Sartre, « La Conscience de classe chez Flaubert », *les Temps modernes*, mai-juin 1966, 2120-2126. et *l'Idiot de la famille*, Gallimard, 1971, I, 27, 49-50, 362, 623, 870.

155 *Corr.* VIII, 14 ; VII, 377.

156 *Notes de voyages*, I, 160.

157 *Corr.* VII, 296.

158 *Lettres inédites à Tourgueneff*, Éditions du Rocher, 1948, 81.

159 *Corr.* VIII, 26, 336.

160 *Corr.* III, 66-67.

161 *Corr.* VIII, 356.
162 *Corr.* VIII, 178, 283.
163 Lettre publiée par Claude Digeon dans *Flaubert conteur, essai sur ses dernières œuvres,* Paris, Aubier, 1945, et citée par René Dumesnil dans son « Introduction » à *Bouvard et Pécuchet,* Société Les Belles Lettres, 1945, LXXXIX-XC.
164 *Lettres inédites à Tourgueneff,* Éditions du Rocher, 1948, 83, 167, 220,
222.
165 *Corr.* VIII, 353.
166 *Corr.* VI, 203, 204.
167 Ferdinand Brunetière, « Après une visite au Vatican », *Revue des deux mondes,* janvier 1895, 97-118.
168 *Corr.* IV, 96.
169 Cité par René Dumesnil dans son « Introduction » à *Bouvard et Pécuchet,* Société les Belles Lettres, 1945, XLIX.

INDEX

CHRONOLOGIE

1821   Gustave Flaubert naît le 12 décembre à l'Hôtel-Dieu de Rouen. Son père
       y est médecin-chirurgien. Son frère aîné, Achille, né le 9 février 1813, de-
       viendra également chirurgien et, à la mort du père, le remplacera comme
       médecin-chef.

1824   Naissance, le 15 juillet, de sa sœur Caroline.

1831   Gustave entre en classe de huitième au lycée de Rouen (collège royal) ;
       il y sera interne à partir de 1832, puis deviendra externe en 1838. Il se lie
       d'amitié avec Ernest Chevalier.

1834   Sous l'influence de son professeur Pierre-Adolphe Chéruel, il s'intéresse
       à l'histoire et écrit des récits historiques. Il subit également l'influence
       de son professeur de littérature, Gourgaud-Dugazon.

1836   Rencontre, pendant les vacances d'été à Trouville, de Mme Maurice
       Schlésinger (Élisa Foucault), la femme de l'éditeur de musique. Elle sera
       pour lui l'image de la femme aimée mais inaccessible, et deviendra le modèle
       de Mme Arnoux dans l'Éducation sentimentale. Il compose des contes :
       Un parfum à sentir, la Peste à Florence, Rage et Impuissance.

1837   Alfred Le Poittevin, qu'il connaît depuis son enfance devient son grand
       ami, bien que son aîné de cinq ans. Flaubert écrit Rêve d'enfer, Quidquid
       volueris, Passion et Vertu, et publie Une leçon d'histoire naturelle. Genre
       Commis dans le Colibri.

1838   Il continue d'écrire des contes philosophiques, études historiques, récits
       surnaturels dans le goût du jour : la Danse des morts, Loys XI, Ivre et mort
       (contes bachiques), Agonies. Un texte nettement autobiographique : Mémoi-
       res d'un fou.

1839   Inspiré par le Faust de Gœthe et Ahasverus de Quinet, Flaubert écrit
       Smarh, première esquisse de la Tentation de saint Antoine. Il compose
       un autre contre bachique, les Funérailles du docteur Mathurin. Un essai,
       Rabelais. Mariage de son frère Achille. En décembre, Gustave est expulsé
       du collège (raison d'indiscipline) et prépare son baccalauréat à la maison.

1840   Il passe son baccalauréat en août. Son père lui offre un voyage dans les
       Pyrénées et en Corse. Il part avec le docteur Cloquet. A Marseille, rencontre
       Eulalie Foucaud ; elle a trente-cinq ans. Liaison passagère mais intense.

1841   S'inscrit à la faculté de Droit de Paris en novembre ; il s'y rend brièvement
       en janvier 1842, puis rentre à Rouen pour préparer ses examens. Étudie
       sans entrain.

1842   Été à Trouville : les Flaubert se lient avec la famille anglaise Collier.
       Gustave écrit un texte plus ambitieux : Novembre. Il s'installe à Paris
       (rue de l'Est) et mène une vie d'étudiant. Fréquente les Collier et les
       Schlésinger, ainsi que des prostituées. Est reçu à l'examen de première
       année en décembre.

1843   Poursuit ses études de droit à Paris. Début de l'amitié avec Maxime Du
       Camp. Commence à écrire l'Éducation sentimentale (première version)
       qui ne sera publiée qu'à titre posthume. Rencontre Victor Hugo dans
       l'atelier de Pradier. Continue à fréquenter les Collier et les Schlésinger.

1844   En janvier, crise d'épilepsie au cours d'un voyage à Pont-l'Évêque. Renonce
       aux études, et s'installe en demi-invalide chez ses parents. Le docteur
       Flaubert acquiert une maison à Croisset, face à la Seine, à quelques kilo-
       mètres de Rouen. Gustave de plus en plus déterminé à se consacrer uni-
       quement à la littérature.

1845   Achève l'Éducation sentimentale (première version) en janvier. Mariage
       de sa sœur Caroline avec Émile Hamard. Gustave et ses parents accom-
       pagnent les nouveaux mariés dans leur voyage en Italie. A Gênes, il admire
       un tableau de Brueghel représentant les tentations de saint Antoine. De
       retour à Croisset, il étudie le grec, lit Shakespeare et Voltaire.

1846   Mort du docteur Flaubert en janvier. En mars, Caroline meurt peu après
       avoir donné naissance à une fille, Désirée-Caroline. Après la mort de son
       père et de sa sœur, Gustave s'installe définitivement à Croisset avec sa
       mère et sa nièce. Autre perte : son ami Alfred Le Poittevin se marie en

juillet. Amitié avec Du Camp et Louis Bouilhet. En juillet, il rencontre la poétesse Louise Colet chez Pradier. Début de leur liaison, et début de leur importante correspondance. En septembre, rendez-vous avec Louise à Mantes. Gustave craint qu'elle ne soit enceinte.

1847   Avec Maxime Du Camp, voyage, en grande partie à pied, en Touraine et Bretagne (mai-juillet). Rédaction conjointe de *Par les champs et par les grèves*, qui relate cette excursion. A Noël, Gustave assiste à un banquet révolutionnaire à Rouen.

1848   24 février. La révolution éclate. Flaubert et Louis Bouilhet, récemment arrivés à Paris, observent les combats de la rue Helder et du Palais-Royal. Début avril, Gustave assiste à l'agonie d'Alfred Le Poittevin. En mai, il commence *la Tentation de saint Antoine* (première version).

1849   Avec Maxime Du Camp, projets de voyage au Moyen-Orient, un voyage dans les pays chauds lui ayant été recommandé par le docteur Cloquet. Le 12 septembre, il termine *la Tentation de saint Antoine*. Du Camp et Bouilhet, ayant été convoqués pour une lecture de l'œuvre, la déclarent manquée. Ils conseillent à Flaubert de choisir des sujets plus prosaïques. Le 4 novembre, Flaubert et Du Camp s'embarquent à Marseille. Séjour de deux mois au Caire. Décembre, excursion aux Pyramides, à Memphis.

1850   Remontée du Nil en février. A Esneh, nuit avec l'almée Koutchouk-Hanem. Visite à Philae, Louqsor, Antinoé. Retour au Caire le 26 juin. Après Alexandrie, le voyage se poursuit : Thèbes, la mer Rouge, Beyrouth, Rhodes, Constantinople, la Grèce.

1851   En janvier, Delphes, Athènes, le Péloponnèse. Dès février, retour par Brindisi, Naples, Rome – où sa mère vient à sa rencontre. Séjour romain jusqu'à mai ; puis haltes à Florence, Venise, et détour par Cologne et Bruxelles. Retour à Croisset en juillet. Reprend sa liaison avec Louise Colet. Commence *Madame Bovary* en septembre. En septembre aussi, visite l'Exposition de Londres avec sa mère.

1852   Année consacrée à *Madame Bovary* ; rencontres espacées avec Louise Colet, tantôt à Paris, tantôt à Mantes. Querelle par correspondance avec Maxime Du Camp. Médite sur l'art du roman.

1853   Les rencontres trimestrielles avec Louise Colet continuent ; leurs rapports se compliquent. Flaubert veut conserver son indépendance et se consacre presque totalement à *Madame Bovary*. Ses lettres à Louise Colet sont extrêmement riches en observations sur l'art du roman et la vocation de l'artiste.

1854-55   Plusieurs séjours à Paris. Août, problèmes de santé largement dus à son mal vénérien. En octobre, il rompt avec Louise Colet (elle a osé le forcer dans sa retraite de Croisset). En novembre, s'installe à Paris pour l'hiver. Revient à Paris en octobre 1854, s'y installe pour l'hiver 1855-1856, boulevard du Temple. *Madame Bovary* est presque terminé.

1856   Flaubert achève *Madame Bovary*. Du Camp arrange la publication dans *la Revue de Paris*. Après avoir fait des corrections et des coupures, Flaubert se refuse à retrancher certaines « longueurs » (il se considère « héroïque »). Le roman paraît en six livraisons dans *la Revue de Paris* (octobre-décembre). Flaubert proteste auprès du directeur de la revue, Pichat, contre des coupures faites à son insu. Lui-même reste inflexible, il ne fera rien de plus :... *pas une correction, pas un retranchement, pas une virgule de moins, rien, rien!* En décembre, signature du contrat d'édition avec Michel Lévy. Fin décembre, *l'Artiste* publie des fragments de *la Tentation de saint Antoine* remaniée en juin.

1857   Poursuites contre Flaubert pour offenses à la morale ; le procès de la Bovary est plaidé le 29 janvier (plaidoirie de Me Sénard, à qui le roman sera dédicacé). 7 février : acquittement. En avril, *Madame Bovary* paraît en deux volumes chez Michel Lévy. Grand succès. Flaubert a décidé d'écrire son prochain roman sur Carthage *(...car j'éprouve le besoin de sortir du monde moderne)* – ce roman s'appellera *Salammbô* ; Flaubert en rédige le premier chapitre en fin d'année.

1858	Flaubert passe l'hiver à Paris. Il fréquente Sainte-Beuve, les Goncourt, Gautier, Renan, Feydeau. Au printemps, voyage documentaire en Tunisie pour visiter le site de Carthage. Juin, retour à Croisset. A partir de septembre, rédige les chapitres II et III de *Salammbô*.
1859	A Paris de février à juin. Continue à travailler sur *Salammbô*. Louise Colet publie *Lui*, roman à clé qui contient un portrait peu flatteur de Flaubert. Période de dépression *(Peu de gens devineront combien il a fallu être triste pour entreprendre de ressusciter Carthage!)*
1860-61	Flaubert s'enferme de plus en plus à Croisset pour finir *Salammbô*. S'inquiète de son *sacré bouquin*. Les rapports avec Maxime Du Camp sont redevenus amicaux.
1862	Flaubert apprend que Mme Schlésinger, souffrant d'une maladie mentale, est internée à Bade. *Salammbô* est terminé le 15 février. Le roman paraît en fin d'année chez Lévy, à qui Flaubert s'engage de réserver son prochain roman. (*Salammbô* et *Madame Bovary* sont cédés pour dix ans, moyennant 10 000 F). Décembre, critique défavorable de l'archéologue Frœhner dans *la Revue contemporaine*. Flaubert écrit une réponse à l'importante étude de Sainte-Beuve parue dans *le Constitutionnel*.
1863	Vie mondaine. Flaubert fréquente le salon de la princesse Mathilde. Publie sa réponse à Frœhner dans *l'Opinion nationale* et *la Revue contemporaine*. Début de sa correspondance avec George Sand. Rencontre Tourgueneff au dîner Magny. Mars, retour à Croisset. En collaboration avec Bouilhet et d'Osmoy compose une « féerie », *le Château des cœurs*.
1864	Janvier-mars, Flaubert séjourne à Paris, est reçu chez le prince Napoléon et la princesse Mathilde. Avril, mariage de sa nièce Caroline avec Commanville. En mai, plan de *l'Éducation sentimentale*. Après des excursions documentaires (Melun, Montereau, Sens), Flaubert commence *l'Éducation* le premier septembre. Octobre : *Me voici maintenant attelé depuis un mois à un roman de mœurs modernes qui se passera à Paris.*
1865-66	Travaille à *l'Éducation sentimentale*. Séjours à Paris (hiver et début printemps) ; fréquentation : dîners Magny, Théophile Gautier, Maxime Du Camp. Voyages à Londres (étés 65 et 66). Août 1866 : séjour à Saint-Gratien, chez la princesse Mathilde. Nommé chevalier de la Légion d'honneur. Difficultés financières. Septembre et novembre 1866, séjours de George Sand à Croisset.
1867	Travaille à la deuxième partie de *l'Éducation sentimentale*. Le milieu qu'il décrit l'exaspère de plus en plus (*Axiome : la haine du Bourgeois est le commencement de la vertu* – lettre à George Sand). Revoit Mme Schlésinger. Visites à l'Exposition de Paris ; juin 1867, Flaubert est invité au bal des Tuileries, en l'honneur des souverains étrangers.
1868	Paris de février à mai. En mars, commence la IIIe partie de *l'Éducation sentimentale*. Il confie ses inquiétudes à J. Duplan : (*... j'ai bien du mal à emboîter mes personnages dans les événements politiques de 1848...*). Fréquente la princesse Mathilde. En août, visites « documentaires » à Fontainebleau. Automne et hiver à Croisset. *Je vis absolument comme une huître.* Visite de Tourgueneff en novembre.
1869	Flaubert achève *l'Éducation sentimentale*. Lectures du roman à la princesse Mathilde et à George Sand. Commence la 3e version de *la Tentation de saint Antoine*. 18 juillet : mort de Louis Bouilhet ; grande douleur de Flaubert. Il loue un appartement rue Murillo ; il quitte son appartement du boulevard du Temple. Novembre : publication de *l'Éducation sentimentale* ; réaction généralement hostile de la presse.
1870	Année difficile : santé mauvaise (furoncles, eczéma, maux de tête) ; découragement dans son travail, mais continue cependant à écrire *la Tentation de saint Antoine*, et remanie *le Sexe faible*, comédie de Louis Bouilhet. En novembre, les Prussiens arrivent à Croisset et y logent. Flaubert et sa mère se réfugient à Rouen.
1871	Amertume et tristesse de Flaubert à la suite des événements militaires et

politiques. Mars : voyage à Bruxelles et à Londres. Juin, à Paris, où il voit les destructions de la Commune. A George Sand : *Je crois que la foule, le troupeau sera toujours haïssable.* Novembre. Visite de Mme Schlésinger à Croisset. En fin d'année s'installe à Paris.

1872   Janvier. Flaubert envoie une lettre amère au conseil municipal de Rouen qui a rejeté le projet d'un monument à Louis Bouilhet. Février, Lévy publie les *Dernières Chansons* de Bouilhet, avec préface de Flaubert. Avril, mort de la mère. Premier juillet : il termine *la Tentation de saint Antoine* (troisième version) qu'il cède à l'éditeur Charpentier, s'étant brouillé avec Michel Lévy à propos des frais d'édition des *Dernières Chansons.*

1873   Amitié avec Guy de Maupassant. Visite à George Sand à Nohant, en avril. Récrit *le Sexe faible.* Juillet. Première allusion précise au projet d'écrire *Bouvard et Pécuchet* (A George Sand : *Je vais commencer un bouquin qui exigera des mois de grandes lectures.*). Écrit une comédie en quatre actes, *le Candidat.* La pièce est reçue par Carvalho au Vaudeville. Sa santé se détériore : il éprouve vertiges et oppressions. Il lit énormément.

1874   Mars, échec du *Candidat,* retiré après la quatrième représentation. Avril, *la Tentation de saint Antoine* paraît chez Charpentier. Le moral est très bas. Voyage en Normandie avec Ed. Laporte, avec qui il est très lié depuis plusieurs années ; puis séjour à Kaltbad-Righi (Suisse). Il s'y ennuie : *... je ne suis pas l'homme de la nature.* Août, il commence *Bouvard et Pécuchet.* Plusieurs séjours à Paris. Problèmes d'argent.

1875   Hiver à Paris. Flaubert souffre de la grippe et de réactions cutanées dues aux remèdes. La situation financière de Commanville devient grave. Mai, il rentre, très inquiet, à Croisset après avoir donné congé de son appartement de la rue Murillo. Juillet, la faillite de Commanville semble inévitable ; pour l'empêcher, Flaubert vend sa ferme de Deauville. Il se considère ruiné. Il regrette sa vie d'austérité (à sa nièce, il a écrit en juillet : *J'ai passé ma vie à priver mon cœur des pâtures les plus légitimes.*) Néglige *Bouvard et Pécuchet.* A des doutes sur sa vocation d'écrivain. A Concarneau, où il a rejoint son ami G. Pouchet, il commence *la Légende de saint Julien l'Hospitalier.*

1876   Il est maintenant installé 240, rue du Faubourg Saint-Honoré. Janvier-février, il achève *Saint Julien.* 8 mars, mort de Louise Colet. En quelques mois, il écrit *Un cœur simple,* d'abord à Paris, ensuite à Croisset où il est rentré en juin, peu de jours après la mort de sa grande amie George Sand, pour qui ce conte avait été entrepris. Depuis quelques mois, il songe à un troisième conte, *Hérodias,* qu'il commence en novembre. Grâce à Tourgueneff, Flaubert vend deux contes à une revue russe. Retrouve sa foi en la « sacro-sainte littérature ».

1877   A Croisset, en janvier, termine *Hérodias.* A partir de février, à Paris où il retrouve ses amis, et fréquente Victor Hugo et Maupassant. Avril, publication des *Trois Contes* ; la vente ne correspond pas au succès d'estime. De retour à Croisset, en juin, reprend *Bouvard et Pécuchet,* œuvre qui *pourrait bien être idiote...,* mais *ne sera pas banale.* En septembre, assiste aux obsèques de Thiers (*La mort du père Thiers m'embête. J'ai peur qu'elle ne serve à l'infâme parti de l'Ordre*). Voyage de documentation en Normandie en compagnie de Laporte.

1878   Santé médiocre (maux d'yeux en été, jaunisse en décembre) ; inquiétudes d'argent. Continue à travailler à *Bouvard et Pécuchet,* mais sans entrain (*... je me demande souvent si je n'aurais pas mieux fait d'employer tant de temps à autre chose.*). Année très triste. *Le Moniteur* n'accepte pas de publier *le Château des cœurs.* Manque d'argent. Ses amis s'inquiètent pour lui.

1879   Janvier. Télégramme à Tourgueneff, lui demandant de venir le voir. Se fracture le péroné. Tourgueneff lui signale la possibilité d'un poste de conservateur à la Mazarine, mais le poste est offert à Baudry. La gêne de Flaubert est révélée dans un article du *Figaro.* Il se sent humilié. Ses amis interviennent en sa faveur. On lui accorde un poste hors cadre de 3 000 F. Croisset en juillet et août : corrige les épreuves des nouvelles éditions de *l'Éducation sentimentale* et de *Salammbô.*

1880   Janvier. Commence le dernier chapitre de *Bouvard et Pécuchet*. Il lit avec
        transport *la Guerre et la Paix* de Tolstoï (*Je poussais des cris d'admiration
        pendant cette lecture*, confie-t-il à Tourgueneff). Avril. Semble pressentir
        sa mort : *B. et P. m'embêtent, et il est temps que ça finisse* ; *sinon je finirai
        moi-même*. Le livre restera inachevé. Flaubert succombe à une hémorragie
        cérébrale le 8 mai.

BIBLIOGRAPHIE

Éditions

– *Bouvard et Pécuchet*, les Belles Lettres, 1945, 2 vol.
– *Le Second Volume de Bouvard et Pécuchet*, documents présentés et choisis par
  Geneviève Bollème, Paris, Denoël, 1966.
– *Correspondance*, Paris, Conard, 1926-1933, 9 vol. ; *Supplément*, Paris, Conard,
  1954, 4 vol.
– *Lettres inédites à Tourgueneff*, Monaco, Éditions du Rocher, 1946.
– *Madame Bovary, ébauches et fragments inédits*, Paris, Conard, 1936, 2 vol. (éd.
  Gabrielle Leleu).
– *Madame Bovary, nouvelle version précédée des scénarios inédits*, Paris, Corti, 1949
  (éd. Jean Pommier et Gabrielle Leleu).
– *Œuvres complètes*, Paris, Quantin, 1885, 8 vol. (avec une *Étude sur Gustave Flaubert*
  de Guy de Maupassant).
– *Œuvres complètes*, Paris, Conard, 1909, 18 vol.
– *Œuvres complètes*, Paris, Conard, 1926-1933, 22 vol.
– *Œuvres complètes*, Lausanne, Rencontre, 1964-1965, 18 vol.
– *Œuvres* (sauf Correspondance), Collection l'Intégrale, Paris, Seuil, 1964, 2 vol.
  (préface de Jean Bruneau, notes de Bernard Masson).
– *Œuvres de jeunesse inédites*, Paris, Conard, 1910, 3 vol.
– *Par les champs et par les grèves*, Paris, Charpentier, 1924.
– *La première Éducation sentimentale* (préface de François-Régis Bastide), Paris,
  Seuil, 1963.
– *Souvenirs, notes et pensées intimes* (1838-1841), Paris, Buchet-Chastel, 1965.
– *Correspondance*, Paris, Pléiade, tome I, 1973 (éd. Jean Bruneau).
– *L'Arc*, n° 79, 1979, numéro spécial sur Flaubert.
– *Désir et Savoir dans l'œuvre de Flaubert*, Neuchâtel, A la Baconnière, 1979 (éd.
  Jeanne Bem).
– *Essais sur Flaubert*, Paris, Nizet, 1979 (éd. Charles Carlut).
– *Flaubert à l'œuvre*, Paris, Flammarion, 1980 (éd. Raymonde Debray-Genette)

Études sur Flaubert et son œuvre

– A. Albalat, *Gustave Flaubert et ses amis*, Paris, Plon, 1927.
– Erich Auerbach, *Mimesis* (chapitre XVIII), Berne, Francke, 1946 ; traduction fran-
  çaise, Paris, Gallimard, 1968.
– Jules Barbey d'Aurevilly, « Gustave Flaubert » le *Roman contemporain*, Paris,
  Lemerre, 1902.
– Benjamin F. Bart, *Flaubert*, Syracuse, New York, Syracuse University Press, 1967.
– Roland Barthes, « l'Effet de réel », *Communications II*, 84-89.
– Charles Baudelaire, « *Madame Bovary* », *Œuvres complètes*, Paris, Pléiade, 1963,
  647-657.
– Louis Bertrand, *Gustave Flaubert*, Paris, Mercure de France, 1912.
– Maurice Blanchot, *l'Entretien infini*, Paris, Gallimard, 1969, 487-495.
– Geneviève Bollème, *la Leçon de Flaubert*, Paris, Julliard, 1964.
– Marianne Bonwit, *Gustave Flaubert et le principe d'impassibilité*, Berkeley, Univer-
  sity of California Press, 1950.
– Jorge-Luis Borges, « Défense de *Bouvard et Pécuchet* » et « Flaubert et son destin
  exemplaire », *Discussion*, Buenos Aires, Emece, 1957 ; traduction française, Paris,
  Gallimard, 1966, 115-130.
– Paul Bourget, « Gustave Flaubert », *Essais de psychologie contemporaine*, Paris,
  A. Lemerre, 1883.
– Victor Brombert, *The Novels of Flaubert*, Princeton, Princeton University Press,
  1966.
– Jean Bruneau, *les Débuts littéraires de Gustave Flaubert*, 1831-1845, Paris, Armand
  Colin, 1962.

- Jean Canu, *Flaubert, auteur dramatique*, Éditions les Écrits de France, 1946.
- Charles Carlut, *la Correspondance de Flaubert ; étude et répertoire critique*, Colombus, Ohio State University Press, 1968.
- Léon Cellier, *Études de Structure (l'Éducation sentimentale)*, Coll. Archives de lettres modernes, n° 56, Paris, Minard, 1964, 2-20.
- Pierre Cogny, *l'Éducation sentimentale de Flaubert*, Paris, librairie Larousse, 1975.
- R. Debray-Genette (éd.), *Flaubert* (collection de textes critiques), Coll. Miroir de la critique, Paris, Didier, 1970.
- D.L. Demorest, *l'Expression figurée et symbolique dans l'œuvre de Gustave Flaubert*, Paris, les Presses modernes, 1931.
- René Descharmes, *Autour de Bouvard et Pécuchet*, Paris, Librairie de France, 1921.
- Claude Digeon, *le Dernier visage de Flaubert*, Paris, Aubier, 1946.
- Charles Du Bos, « Sur le milieu intérieur chez Flaubert », *Approximations*, Paris, Fayard, 1965, 165-182.
- Maxime Du Camp, *Souvenirs littéraires*, Paris, Hachette, 1882-1883 ; 2 vol.
- René Dumesnil, *Gustave Flaubert, l'homme et l'œuvre*, Paris, Desclée de Brouwer, 1932.
- René Dumesnil, *Flaubert et l'Éducation sentimentale*, Paris, les Belles Lettres, 1943.
- Marie-Jeanne Durry, *Flaubert et ses projets inédits*, Paris, Nizet, 1950.
- *Europe*, septembre-octobre-novembre 1969 : Actes du colloque Flaubert tenu à Rouen du 25 au 28 avril 1969.
- Alison Fairlie, *Flaubert : Madame Bovary*, London, Arnold, 1962.
- E.L. Ferrère, *l'Esthétique de Gustave Flaubert*, Paris, Conard, 1913.
- E.W. Fischer, « la Spirale », *la Table ronde*, avril 1958, 96-124.
- Michel Foucault, « la Bibliothèque fantastique », *Flaubert*, textes recueillis et présentés par R. Debray-Genette, Paris, Didier, 1970, 171-190.
- Hugo Friedrich, *Die Klassiker des Frauzösischen Romans*, Leipzig, Bibliographisches Institut, 1939.
- Jules de Gaultier, *le Bovarysme, la psychologie dans l'œuvre de Flaubert*, Paris, Cerf, 1892 (repris dans *le Génie de Flaubert*, Paris, Mercure, 1913).
- Gérard Genette, « Silences de Flaubert », *Figures*, Paris, Seuil, 1966.
- Gérard-Gailly, *Flaubert et « les fantômes de Trouville »*, Paris, la Renaissance du livre, 1930.
- Gérard-Gailly, *l'Unique passion de Flaubert : « Madame Arnoux »*, Paris, le Divan, 1932.
- Gérard-Gailly, *le Grand Amour de Flaubert*, Paris, Aubier, 1944.
- René Girard, *Mensonge romantique et Vérité romanesque*, Paris, Grasset, 1961.
- Raymond Giraud, « Gustavus Flaubertus Bourgeoisophobus », *The Unheroic Hero*, New Brunswick, New Jersey, Rutgers University Press, 1957.
- Claudine Gothot-Mersch, *la Genèse de Madame Bovary*, Paris, Corti, 1966.
- Henri Guillemin, *Flaubert devant la vie et devant Dieu*, Paris, Plon, 1939.
- Henry James, « Gustave Flaubert », *Notes on Novelists*, New York, Scribner, 1914.
- Roger Kempf, « la Découverte du corps dans les romans de Flaubert », *Sur le corps romanesque*, Paris, Seuil, 1968.
- Lucien Laumet, *la Sensibilité de Flaubert*, Éditions Poulet-Malassis, Alençon, 1951.
- Gabrielle Leleu, *Madame Bovary, ébauches et fragments inédits*, Paris, Conard, 1936, 2 vol.
- Harry Levin, « Flaubert », New York, Oxford University Press, 1963.
- *Littérature*, octobre 1974 : numéro spécial, Modernité de Flaubert.
- Percy Lubbock, *The Craft of Fiction*, New York, Cape and Smith, 1929.
- Georg Lukacs, *la Théorie du Roman*, Bibliothèque Médiation, Gonthier, 1963, 109-113.
- Georg Lukacs, *le Roman historique*, Paris, Payot, 1965, 205-223.
- Édouard Maynial, *Flaubert*, Édition de la Nouvelle Revue critique, 1943.
- Maurice Nadeau, *Gustave Flaubert écrivain*, Paris, Denoël, 1969.
- Jean Pommier et Gabrielle Leleu, *Madame Bovary, nouvelle version précédée des scénarios inédits*, Paris, Corti, 1949.
- Jean Pommier et Claude Digeon, « Du nouveau sur Flaubert et son œuvre », *Mercure de France*, mai 1952.
- Georges Poulet, « Flaubert », *les Métamorphoses du cercle*, Paris, Plon, 1961.
- *La Production du sens chez Flaubert*, colloque de Cerisy (éd. Claudine Gothot-Mersch), 10-18, 1975.
- Jacques Proust, « Structure et sens de *l'Éducation sentimentale* », *Revue des sciences humaines*, janvier-mars 1967, 67-100.

- Marcel Proust, « A propos du style de Flaubert », *Chroniques*, Paris, Éditions de la Nouvelle Revue française, 1927.
- Raymond Queneau, « *Bouvard et Pécuchet* », *Bâtons, Chiffres et Lettres*, Paris, Gallimard, 1965.
- Jean-Pierre Richard, « la Création de la forme chez Flaubert », *Littérature et Sensation*, Paris, Seuil, 1954.
- Jean Rousset, « *Madame Bovary* ou le livre sur rien », *Forme et signification*, Paris, Corti, 1962.
- Jean Rousset, « Positions, distances, perspectives dans *Salammbô* », *Poétique*, 6, 1971.
- Sainte-Beuve, *Causeries du lundi*, Paris, Garnier, 1853-1862, vol. XIII.
- Sainte-Beuve, « *Salammbô* », *Nouveaux lundis*, Paris, Lévy, 1865, vol. IV.
- Nathalie Sarraute, « Flaubert le précurseur », *Preuves*, février 1965, 3-11.
- Jean-Paul Sartre, « La Conscience de classe chez Flaubert » et « Flaubert : du poète à l'artiste », *les Temps modernes*, mai-juin 1966, 1921-1951 ; août 1966, 197-253.
- Jean-Paul Sartre, *l'Idiot de la famille. Gustave Flaubert de 1821 à 1857*, Paris, Gallimard, 1971-1972, 3 vol.
- Jean Seznec, *Nouvelles Études sur la Tentation de saint Antoine*, London, Warburg Institute, 1949.
- Jean Seznec, *les Sources de l'épisode des dieux dans* la Tentation de saint Antoine, Paris, Vrin, 1940.
- Philip Spencer, *Flaubert*, London, Faber and Faber, 1952.
- Enid Starkie, *Flaubert*, New York, Atheneum, 1967 ; tr. fr. Mercure de France, 1970.
- Jacques Suffel, *Gustave Flaubert*, Paris, Éditions universitaires, 1958.
- Albert Thibaudet, *Gustave Flaubert*, Paris, Gallimard, 1935.
- Margaret Tillet, *On reading Flaubert*, Oxford University Press, 1961.
- Anthony Thorlby, *Gustave Flaubert and the Art of Realism*, New Haven, Yale University Press, 1957.
- Paul Valéry, « La Tentation de (saint) Flaubert », *Œuvres*, Pléiade, I, 613-619.
- P. M. Wetherill, *Flaubert et la création littéraire*, Paris, Nizet, 1964.
- Émile Zola, « Gustave Flaubert », *les Romanciers naturalistes*, Charpentier, 1890.
- Jonathan Culler, *Flaubert. The Uses of Uncertainty*, Ithaca, Cornall University Press, 1974.
- Pierre Danger, *Sensations et Objets dans le roman de Flaubert*, Colin, 1973.
- J.-P. Duquette, *Flaubert ou l'architecture du vide : une lecture de l'Éducation sentimentale*, Presses Un., Montréal, 1972.
- Shoshana Felman, « Gustave Flaubert : Folie et Cliché », in *la Folie et la chose littéraire*, le Seuil, 1978.

Œuvres en librairie

BOUVARD ET PÉCUCHET : Belles Lettres. Garnier/Classiques, Prestige, G.F., L. de poche.
CORRESPONDANCE (1 992 lettres) : Conard.
CORRESPONDANCE (supplément : 1 278 lettres) : Conard.
CORRESPONDANCE (vol. I) : Gallimard/Pléiade. Éd. Jean Bruneau. 1973.
DICTIONNAIRE DES IDÉES REÇUES : Aubier.
L'ÉDUCATION SENTIMENTALE : Garnier/Classiques, Sélecta, Prestige. Colin. Belles Lettres. Livre de poche. Gallimard/Folio.
LA PREMIÈRE ÉDUCATION SENTIMENTALE : Seuil/Tel Quel.
MADAME BOVARY : Garnier/Classiques, Sélecta, Prestige. Colin. Éd. du Dauphin. Fasquelle. Belles Lettres. Livre de poche. Gallimard/Folio.
NOVEMBRE : Ides et Calendes.
ŒUVRES : Gallimard/Pléiade.
ŒUVRES COMPLÈTES : Seuil/Intégrale. Conard.
ŒUVRES DE JEUNESSE INÉDITE : Conard.
PRÉFACE A LA VIE D'ÉCRIVAIN : Seuil/Pierres Vives.
LA QUEUE DE LA POIRE DE LA BOULE DE MONSEIGNEUR : Nizet.
SALAMMBÔ : Garnier/Classiques, Sélecta, Prestige, G.F., Fasquelle. Colin. Belles Lettres. Livre de poche. Larousse.
LA TENTATION DE SAINT ANTOINE : Garnier/Classiques, Sélecta, Prestige, G.F. Belles Lettres. Livre de poche.
TROIS CONTES : Garnier/Classiques, Sélecta, Prestige, G.F. Belles Lettres. Colin. Livre de poche. Gallimard/Folio.
VOYAGES : Belles Lettres.

Dimanche matin 16 mai 1869
. 5 heures moins 4 minutes

FINI ! mon vieux ! ... oui
mon bouquin est fini !

ILLUSTRATIONS

Le manuscrit d'ouverture de livre est celui d'une page de *l'Éducation sentimentale*. Les débuts de chapitres sont illustrés de détails de la gravure de J. Callot, *la Tentation de saint Antoine* (Bibliothèque Sainte-Geneviève). Les manuscrits d'intérieur de couverture sont ceux de pages de brouillons de *Madame Bovary* et de *Bouvard et Pécuchet* (Bibliothèque de Rouen).

Ci-dessus, extrait de lettre écrite lors de l'achèvement de *l'Éducation Sentimentale*. Archives photographiques : 146, 147, 148, 149. - Bulloz : 14, 16, 60/61, 77, 103, 109, 111, 156/157, 179. - Ellebé : 2, 18, 25, 36/37, 47, 81, 90, 152, 166, 167. - Giraudon : 4, 50, 74, 92, 96, 118, 125, 128, 133, 135, 136, 137, 140, 164. - Anderson/Giraudon : 41, 131, 139. - Brogi/Giraudon : 160. - Lauros/Giraudon : 84. - Roger Viollet : 88/89, 96, 98/99. - B. N./Seuil : 12, 13, 22, 23, 32, 53, 64, 67, 71, 100, 107, 115, 121, 143, 150, 170, 173, 175.

Travaux photographiques : R. Bardet, F. Duffort, J.-L. Charmet.

CE LIVRE, LE QUATRIÈME DE LA COLLECTION « ÉCRIVAINS DE TOUJOURS », A ÉTÉ ÉTABLI PAR ANNIE POINSOT SOUS LA DIRECTION DE DENIS ROCHE. DOCUMENTATION : MARIE-THÉRÈSE SOUVERBIE.